Klaas Störtebeker - Eine Piratenrevue

AF284561

Klaas Störtebeker

Eine Piratenrevue

Text: Joachim Tettenborn

Musik: Andrew Hannan

Inszenierung: Christian Wöllfer

Herausgeber: Bernd Tetens

Bibliografische Information der Deutschen Nationalbibliothek:
Die Deutsche Nationalbibliothek verzeichnet diese Publikation in der Deutschen
Nationalbibliografie; detaillierte bibliografische Daten sind im Internet über
http://dnb.dnb.de abrufbar.

Herausgeber: Bernd Tetens, Husum
Cover: Hartmut Pohl/Bernd Tetens
Grafiken/Zeichnungen: Hartmut Pohl
Fotos: Tetens, Jürgen Dietrich (Luftbild), Jens Wachholz (Gruppenfoto), Porst,
     Leander Segebrecht (Portrait Tettenborn), Staatsarchiv Hamburg

Aufführungsrechte: Bernd Tetens, Husum

Herstellung und Verlag: BoD – Books on Demand, Norderstedt

ISBN: 978-3-7557-3426-0

Personen

Klaas Störtebeker

Gödeke Michel

Magister Wigbold

Königin Margarete von Dänemark und Norwegen

Herzog Johann von Mecklenburg

Narr

Nathalie, seine Tochter (auch Occa)

Boje Syker, Pirat

Simon von Utrecht

Signe, eine Hure

Fischer, Bote, Bootsmann

Ratsherren von Hamburg

Bürgermeister Schocke

Hoyer

Lange

Miles

Hamburger Handelsherr

Peter von Levtow, lübbischer Bürgermeister

Keno ten Broken, Friesenherzog

Occa, seine Tocher

Seiltänzer, Messerwerfer, Clowns usw.

Soldaten, Bordellgäste, Huren (teilweise mit kleinen Sprechrollen)

Zeit:
1390 – 1401

Schauplätze:
Orte um die Ost- und Westsee, an Bord der Schiffe von Störtebeker und
Michel.

Schauspieler und Gaukler kommen auf die Bühne. Gaukler zeigen den erstaunten Bürgern, die mit allen möglichen Tätigkeiten, wie Wäschewaschen, Netzeflicken, Buttern, Rahmensticken, Hämmern und Sägen etc. beschäftigt sind, allerhand Kunststücke. Zwei Gaukler auf Stelzen, Feuerschlucker, Jongleure, Clowns etc.

Unter den Schauspielern, deren Chef Hein ist, ein kleiner gewandter Mann mit seiner Tochter Nathalie, einem Sonntagsstreich des lieben Gottes. Hein ist ein viel geplagter Vater, der die Schar der jungen Verehrer seiner Tochter im Zaum zu halten versucht, andererseits seinen Schauspielerhaufen zusammenhalten muß. Auch ist er bemüht, ein Publikum für seine Wandertruppe zu finden, der Spielort ist ihm piepegal, sei es ein Marktplatz, eine Kneipe, ein Puff, der Vorhof einer Synagoge oder Ähnliches.

Seine Truppe reist mit eigenem Gepäck, bestehend aus Kisten und Kasten, die die Stärksten herbeischaffen, aus Wäschekörben, die die Kostüme und Requisiten enthalten. Die wenigen „Damen" des Ensembles werden von Hein besonders hofiert, wahrscheinlich, weil sie alle über seine 'Besetzungschouch' gegangen oder gefallen sind. Seltsamerweise ist nur die Mutter von Nathalie nicht dabei. Vielleicht ist sie mit einem anderen Leichtfuß über alle Berge. Hein hat einen ausgeprägten Hang zum Alkohol, ist aber der Ansicht, dass dies sein großes Geheimnis ist, von dem niemand etwas weiß. Eine verborgene Stiefelflasche ist das Tatwerkzeug.

Hein: *(läutet die Glocke, die später zur Schiffsglocke wird)*
Meine sehr verehrten Herrschaften! Aufgepasst und
hingehört! Meine Freunde, Kollegen und meine Familie
werden heute für Euch ein veritables Theaterstück
spielen.
Und zwar die schaurig schöne Geschichte vom Seeräuber
Störtebeker, von Störtebeker Klaas, dem Piraten, dem
mutigen Volkshelden und Likedeeler, der die Schönen
beglückte und die Armseligen tröstete, der den Reichen
nahm und den Armen gab. Wir werden zechen,
(er nimmt einen Schluck aus seiner Stiefelflasche)
raufen, fechten und sterben für Euch.

Hein: Aber, verehrte Herrschaften, wir sind eine kleine Truppe,
wir werden schon Eure Hilfe brauchen! Wer also
einmal in einem Theaterstück mit uns Schauspielern
auftreten, als Pirat, als Soldat, als feine Dame, oder
wer einmal im Leben eine Hure sein möchte - nicht
drängeln meine Damen, der wendet sich an Nathalie,
meine geliebte Tochter. Sie schreibt die Namen auf und
ein paar Silberlinge gibt es auch dafür.
(Eine Jongleurin beginnt mit Bällen zu jonglieren)
Nicht doch Bipa, nicht jetzt!
(Die Jongleurin hört verstört auf)
*(Hein verwandelt sich während des folgenden Liedes in
den Narren)*

Ouvertüre (Teil 1)

Störtebeker Klaas (Narr, Ensemble)

Hein:
       Freunde, lasst die Arbeit ruh'n,
       Der Sturmwind bläst aus dem Norden.
       Kommt hierher, und hört gut zu.
       Der Sturmwind bläst aus dem Norden.
       Nehmt Euch Tabak, und nehmt Euch Rum.
       Freunde, hebt Euer Glas!
       Heute trinken wir auf Heldentum -
       Auf Störtebeker Klaas!
       Ein Räuber er, und gar nicht fein.
       Der Sturmwind bläst aus dem Norden.
       Niemals wird er vergessen sein!
       Der Sturmwind bläst - der Sturmwind bläst -
       Der Sturmwind bläst aus dem Norden.

Hein:
       Er stand am Deck, und nahm die Flut.

Ensemble:
       Störtebeker Klaas!

Hein:
       Kühler Kopf, und heißes Blut.

Ensemble:
       Störtebeker Klaas!

Hein:
       Meistersegler und Hurenbock.
       Immer heiß war der Braten.
       Ein Mädchen auf dem Stroh, und ein Humpen
       voller Grog.

Hein: König der Piraten!
Hörst Du, wie die Möwen schrein,
Störtebeker Klaas!

Ensemble: Niemals wirst Du vergessen sein,
Störtebeker -
Störtebeker Klaas!

1. Bild

Klaas Störtebeker und Gödecke Michel sitzen an einem Tisch und würfeln abwechselnd.

Rechts und links von ihnen ist Himmel und Hölle zu erkennen - natürlich weit voneinander getrennt.

Einfach gemacht. Es darf ein wenig Kitsch dabei sein.

Das Würfeln der beiden geht weiter, auch verbal. Dazu trinken sie Wein aus einem Humpen.

Narr: seit 400 - nein, was sage ich, seit fast 500 Jahren würfeln die zwei nun schon darum, wer von ihnen in den Himmel oder in die Hölle kommen soll.
Klaas Störtebeker

Störtebeker: *(würfelt)* 13.

Narr: und Gödecke Michel.

Gödecke: *(würfelt)* 15.

Störtebeker:	*(würfelt)* 16.
Gödecke:	*(würfelt)* 7.
Narr:	Petrus und der Satan - der Streit wurde nicht beendet - und so trafen sie sich zu einer Konferenz auf der Balancelinie zwischen Gut und Böse, um es auszutüfteln - *(lacht, springt vor zum Publikum)* und sie einigten sich vorläufig auf ein Unentschieden. Sie ließen alles in der Schwebe. Die politische Art, schwierige Probleme zu lösen - Aber beide haben die Würfel verhext *(kreuzt die Finger)* - beziehungsweise versegnet *(verdrehtes Kreuzzeichen)* - Nun ja, so kann keiner gewinnen. Aber wer weiß - Petrus und Satan verstehen ihr Handwerk - wer weiß, ob nicht doch noch irgendwann der eine den anderen übers Ohr haut - vielleicht. Doch - was ist schon Zeit in der Ewigkeit.

Ouvertüre (Teil 2)

Störtebeker Klaas (Narr, Ensemble)

Ensemble:	Seht Ihr, wie die Wolken zieh'n? Der Sturmwind bläst aus dem Norden! Hinaus auf's Meer, und fährt mit ihm! Der Sturmwind bläst aus dem Norden!

Ensemble: Hört, wie der Wind durch das Tauwerk pfeift!
Kämpft und ringt mit dem Steuer!
Spürt, wie das Ruder in den Wellen greift!
Auf zum Abenteuer!
Laß' es in der Hölle schnei'n,
Störtebeker Klaas!
Niemals wirst Du vergessen sein,
Störtebeker - Störtebeker -
Störtebeker Klaas!

Narr: *(springt auf - wieder auf die Bühne)*
Doch nun - das Spiel beginnt.

Zunächst betreten zwei der wichtigsten Akteure die Bühne.
Königin Margarete zu Dänemark und Herzog Johann von
Mecklenburg.

Narr: Nicht doch jetzt Bipa, später.

Der Narr verbeugt sich, geht ab -

Dabei schon Fanfaren und Trommeln.

Von links und rechts hinten marschieren Soldaten und Würdenträger
ihrer jeweiligen Herren getrennt heran. Sie bleiben jeweils im Hintergrund - mit großem Abstand zueinander - stehen. Zwei Thronsessel
werden aufgestellt auch sie so weit wie möglich voneinander entfernt.
Beide Sessel ganz vorn an der Rampe - durch die gesamte Bühnenbrei-
te getrennt.

2. Bild

Margarete von Dänemark und Norwegen, schwarzhaarig, klug, ja, raffiniert - kommt von links. Sie geht zum Thron links vorn. Bleibt stehen.
Herzog Johann, große Gestalt, rothaarig - kommt von rechts. Er geht zum Thron rechts vorn. Bleibt stehen.

Trommeln, Fanfaren aus. Kurze Pause

Johann: Wie viele Kronen, Margarete, willst Du Dir noch auf Dein Haupt setzen?

Margarete: Nur noch eine - die schwedische.

Johann: Dänemark und Norwegen sollten für Deinen Appetit reichen.

Margarete: Für meinen Magen kann ich selber sorgen, Johann, Herzog von Mecklenburg. *(lacht)*

Johann: *(Pause)* Ich danke Dir, dass Du meiner Einladung gefolgt bist.

Margarete: Auf jeden neutralen Platz - und immer - ob hier in Lübeck oder anderswo.

Johann: Wir sollten zunächst genau unsere Standpunkte feststellen.

Margarete: *(spöttisch)* Meine Standpunkte Vetter sind eindeutig und klar.

Johann:	Standpunkte können sich schnell ändern.
Margarete:	Du machst mich neugierig, lieber Vetter.
Johann:	Ich stehe jetzt an der Spitze Mecklenburgs. Mit meinem Vetter Albrecht hattest Du leichtes Spiel. Jetzt mache ich das Spiel.
Margarete:	*(hart)* Dein Vetter Albrecht hat sich in Schweden gegen meine Truppen gestellt. Ich hab ihn besiegt und seine Soldaten bei Falköping ins Moor gejagt. Ich habe ihn und seinen Sohn Erich festgesetzt; auf meiner Burg Lindholm eingekerkert. Das sind Tatsachen. Nur hierüber können wir reden.
Johann:	Du hast versucht, Dir die Schwedenkrone zu ergaunern, die Albrecht auf seinem Haupte trägt. Er kämpft um sein Recht.
Margarete:	Das Recht ist eine Frage der Stärke, Vetter.
Johann:	Gib Albrecht und seinen Sohn frei. Ziehe Dich aus Schweden zurück. Oder es wir einen langen und harten Krieg geben - viele Tote, viel Gold wird es kosten und uns einen kaputten Handel bescheren. Uns allen. Lohnt sich das?
Margarete:	Ich gebe sie frei - diesen Albrecht und seinen Sohn, wenn sie beide auf die schwedische Krone verzichten.
Johann:	Das ist unannehmbar. Deine Truppen haben zwar einige

Johann:	Landesteile von Schweden besetzt, aber Du hast nicht Stockholm. Das haben wir! Und ohne Stockholm, meine Liebe, bist Du nur die Landpomeranze von Schweden. Nur Stockholm kann Dir die Krone bringen. Und daran wirst Du Dir die Zähne ausbeißen, darauf setzte ich meinen Siegel.
Margarete:	Vetter Johann. Schweden ist mein - bevor das Jahr vergeht.
Johann:	Du hast vergessen mit mir zu rechnen. Und auch das Rechnen gehört zur Macht, Margarete.
Margarete:	*(kühl)* Genug, meine Bedingung ist gestellt. Mehr bleibt jetzt nicht zu sagen. Oder doch ? *(blickt ihn lange an)* Wir sind uns vorher nie begegnet. Schade. Männer wie Du - haben mich immer beeindruckt. Warum die Schwerter miteinander kreuzen? Wir hätten manches Glas Wein miteinander trinken können - wirklich schade, Vetter.
Johann	*(Mit leichtem Spott)* Ich danke für den Antrag. Ich werde später darauf zurückkommen, wenn unsere Sache ausgetragen ist *(geht zwei Schritte auf sie zu)*. Und noch eines, Margarete - ich bin Schachspieler. Und manche meinen, ein sehr guter - und ich werde die Königin opfern - für ein Schachmatt.
Margarete:	*(lächelt ihm zu)* Gut - dann lasst uns spielen -

Beide gehen zur Mitte und wollen abgehen. Der Narr hält sie auf.

Narr:	*(zu Margarete)* Majestät - bitte schenken Sie mir ein paar Minuten - Bitte, auch Sie, Herzog Johann. Es geht um die Geschichtsschreibung - Die kommenden Jahrhunderte blicken auf uns und der Chronist hat eine Bitte.
Margarete:	Fragt.
Narr:	Sie haben soeben ein wichtiges Gespräch geführt - ein außerordentlich wichtiges für die Welt hier im Norden. Erlauben Sie einem, der die Historie aufzeichnet, dem Ergebnis nachzuspüren. Und gestattet mir dabei ein paar Notizen -
Johann:	*(steif)* Dieses Treffen war geheim.
Margarete:	*(lächelt)* Was ist heute noch geheim, Vetter.
Narr:	Lauschangriff!
Margarete:	Hein!
Johann:	Lisa lass doch, wir sind hier an der Schmiere. Verzeihung, Herr Direktor.
Narr:	*(rasch)* In Ihrem Gespräch über die politische Lage haben Sie sicher nach einem Ausweg aus der Krise gesucht - wie der Frieden vielleicht doch noch gerettet werden könnte - Wie sieht es aus - hohe Dame, hoher Herr?

Margarete:	Es war ein sehr nützliches Gespräch -
Narr:	*(notiert etwas)* - nützliches Gespräch -
Margarete:	- sehr informative und ganz sicher auch hilfreich.
Narr:	- hilfreich -
Johann:	Das ist mehr als charmant gesagt, liebe Base. Sie will den Krieg!
Narr:	Ein harter Vorwurf.
Margarete:	Die Waage auf der man seine Worte wiegen soll - hat besondere Gewichte.
Narr:	Verzeiht mir, Majestät - wollt Ihr damit sagen, dass Herzog Johann nicht das meinte, was er sagte?
Margarete:	Er sagte, was er meinte. Das bedeutet aber noch nicht, dass es auch so ist. Wir denken alle nach. Nicht wahr Vetter?
Johann:	Ich habe nichts mehr zu sagen. *(wendet sich schroff ab)*
Narr:	Ich danke Ihnen für dieses Gespräch. *(verneigt sich tief)*

Fanfaren und Trommeln

Margarete geht ab, auch ihr Gefolge.
Herzog Johann hält sein Gefolge auf.
Nach dem Abgang Margaretes tritt er in die Mitte der Bühne
und ruft nach allen Seiten:

Johann: Klaas Störtebeker! Klaas Störtebeker!
Klaas Störtebeker! Ich brauche Dich!

3. Bild:

Störtebeker: *(hält vor dem Herzog)* Ihr habt mich gerufen?

Johann: Ja, Dich und andere, die bereit sind, ihr Land
und die Ehre ihres Landesherren zu verteidigen.

Störtebeker: In den Kneipen schwirren die Gerüchte.
Gegen die schwarze Margarete soll es gehen.

Johann: Ja. Gegen sie. Sie will Stockholm, um sich die Krone
Schwedens aufzusetzen, die uns gehört. Deshalb rufen
wir Dich und die anderen, die Ehre und Gewinn bei
dieser Fehde erringen wollen.

Störtebeker: Ehre ist gut - und die Treue auch. Doch Ihr spracht
auch von Gewinn. Und das ist eine Sprache, die alle
alle verstehen - ob Herr oder Knecht.

Johann: Ich habe keine Schiffe, und ich habe auch keine
Mannschaften. Ihr sollt für mich die Schiffe stellen
und die Männer dazu und das Kriegsgerät.
Dafür lasse ich Euch Kaperbriefe ausstellen gegen
die dänische Flotte und die dänischen Kauffahrer.
Fünfzig Prozent für Euch und fünfzig Prozent für mich.
Das ist ein faires Angebot.

Störtebeker: Also strikt beschränkt auf die Dänen?

Johann: So ist es. Ihr seid damit Soldaten und untersteht der Prisenordnung und dem Prisengericht.

Narr: Hoher Herr, ich sehe eine Frage auf seinen Lippen. Man sollte sie ihn stellen lassen.

Störtebeker: Was ist nun, wenn einmal ein Irrtum vorkommt? Ich halte das für möglich -

Johann: *(winkt ab)* Ich weiß, was Du meinst.

Störtebeker: Es könnte statt eines Dänen, ein Hanseschiff sein oder eines der Preußen oder -

Narr: *(lächelt zum Publikum)* Herzog Johann ist ein gütiger Herr für seine Freunde und sehr großzügig -

Johann: *(lächelt ebenfalls)* Wo gehobelt wird - da fallen Späne. Es sollte nur nicht vorsätzlich sein.

Störtebeker: Das ist doch selbstverständlich, hoher Herr. Gut also. Ich stehe bei Euch.

Johann: Nun dann - *(zum Narren)* Nehmt ihn in unsere Dienste.

Narr: *(tritt vor, senkt die Fahne des Fahnenträgers)* Knie vor dem bunten Tuch, Störtebeker - knie für alle.

Störtebeker: Ich knie nicht. Ich knie nie.

Narr: Na, gut. Da machen wir's im Stehen. *(zur Truppe gewandt)* Habt Acht! *(die Soldaten stehen still)*

Narr:	*(zu Störtebeker)* Leg Deine rechte Hand auf die Fahne. (Störtebeker tut es. Der Narr nimmt ein Pergament zur Hand und liest) 1 Dutzend Äpfel, 2 Gurken, ½ Schock Eier, 1 Mettwurst, 1 Flasche Schnaps -
Johann:	Was redest Du da?
Narr:	Vergebt, hoher Herr, das ist der Einkaufzettel für die nächste Woche. Ich habe mich im Text vergriffen. *(nimmt ein anderes Pergament)* So. Aber hier: Ich schwöre, dass ich treu und ergeben, die Sache meines Herrn Johann führen werde. Für seine Ehre und Zukunft und Freiheit Mecklenburgs werde ich streiten bis zum letzten Atemzuge. So wahr mir Gott helfe. Sage: Ich schwöre es.
Störtebeker:	Ich schwöre es.
Johann:	Nun gehörst Du mir.
Störtebeker:	*(lacht)* Und Ihr mir, Herzog.
Johann:	Auf nach Stockholm!

Die Soldaten marschieren auf das Kommando des Narren ab.

Narr:	Links um. Und Marsch - Wer gescheit ist, hält die Fahne fest und lässt die anderen stürmen -

Narr: *(lacht auf - geht rasch ab)*
          Was mich betrifft, ich gehe türmen.

Überleitung zur Bordellszene.
Ein Hafenbordell. Bordellbetrieb. Trinken, Lachen, Kreischen.

Musik

Drauf und Drunter (Narr, Störtebeker, Signe, Ensemble)

nach Abgang der Soldaten

Narr: In der Liebe wie im Leben, jeder Vogel ist ein Bunter.
          Der Eine ist gut drauf, und der Andere geht unter.
          Doch warst Du einmal oben, und hast Dich daran
          berauscht,
          Sieht man sich morgen wieder, und die Plätze sind
          getauscht.

Ensemble: Oh...oben, oben, oben, ist die Aussicht weit und frei,
(Refrain) Aber unten, unten, unten, liegst Du schon bequem dabei
          Aber, aber, aber, willst Du wirklich glücklich sein,
          Leg' Dich in die Mit- Mit- Mitte, dann bist Du nicht
          allein.

Störtebeker: Als ich mit meiner Liebsten durch den Wald spazieren
          ging,
          Sah ich oben eine Walnuss, die dort verlockend hing.

Störtebeker: Ich kletterte hinauf, und holte ihr die Nuss,
Und unten in dem langen Gras gab sie mir einen Kuss.

Ensemble: Oh....oben, oben, oben usw.

Signe: Das Wichtigste beim Segeln ist'n langer, starker Mast!
Als Seemann wirst Du glücklich, wenn Du auch so einen hast.
Eine echte Seemannsbraut sagt dann niemals „nee".
Sie klettert auf den Mastkorb, und sticht hinaus in See.

Ensemble: Oh....oben, oben, oben usw.

Narr: Und hast Du einmal Kummer, leg Dich nicht gleich in den Sarg.
Schieb' 'ne flotte Nummer, dann wirst Du wieder stark
Auf und ab und hin und her, so ist der Lebenslauf.
Schwing Dich wieder in den Sattel, und Knall die Peitsche drauf!

Ensemble: Oh...oben, oben, oben, ist die Aussicht weit und frei,
Aber unten, unten, unten, liegst Du schon bequem dabei
Aber, aber, aber, willst Du wirklich glücklich sein,
Leg' Dich in die Mit- Mit- Mitte, dann bist Du nie allein.
Leg' Dich in die Mitte, dann bist Du nie allein.

Die Dirne Signe schaukelt herein, Störtebeker stellt seinen Krug auf den Tisch, reißt Signe in seine Arme.

Störtebeker: Du hast mir heute gefehlt, Signe. Ohne Dich ist das Stroh zu kalt.

Signe: *(wehrt sich, aber nicht ernsthaft)* Lass los! Willst Du mich umbringen? Arme hast Du wie Schraubstöcke.

Bei den Dialogen geht das übliche Bordelltreiben weiter.

Störtebeker: *(lacht)* Ja - was ich halte - das halte ich fest. Und jetzt halte ich Dich. *(küsst sie, lacht auf)*

Schwertgeklirr, Kampflärm von außen. Dazu Rufe wie: Ergib Dich. Halt! Stehen bleiben. Bleib Stehen, Du Mistbock.

Stimme: *(Darauf antwortend)* Mich hast Du noch lange nicht. Nimm dies und das dazu.

Schmerzschreie

Störtebeker: *(Gibt Signe frei)* He! Hallo - wer ruft mich da? Dieses Geläute zieht mich an wie Honig die Bienen. *(Reißt sein Schwert heraus)*

Fechtende Soldaten dringen ein. Sie kämpfen mit einem Mann, der sich mit einem Holzknüppel verteidigt.

Störtebeker: Noch einen Schritt, Du Trankrähe, und Du hast zwei Nabel. Ich habe hier das Schwert des Herzogs Johann und seinen Kaperbrief im Gürtel. *(er schlägt einige Soldaten nieder - sie fliehen)*

Soldaten: *(Rufen im Abziehen)* Das wirst Du büßen. Wir kommen wieder.

Störtebeker: Aber rasch, wenn ich bitten darf - ich muss nämlich heute Nacht noch weg. Meine Segel hungern nach Wind und mein Schiff schnuppert nach Stockholm. *(lacht)* Außerdem wird euer Herzog seinen Schild vor mich halten. *(zum Mann mit dem Knüppel)* Setz Dich. Hierher zu mir, Signe! Eine Kanne Bier für ihn und für mich. Und schwing die Hufe. Im Hurenhaus muss wenigstens das Saufen rasch vorankommen. *(lacht)* Wer bist Du?

Mann: Ich heiße Boje Syker. *(steht auf)* Ich habe denen da oben vorhin eine Herrenkutsche ausrauben wollen - aber es waren zu viele daneben.

Störtebeker: Jetzt weißt Du so ziemlich alles von mir.

Signe kommt mit zwei Krügen

Signe: So. Hier habt ihr was für eure Mäuler. *(wischt den Tisch mit der Schürze ab, rückt die Kannen zurecht)*

Störtebeker: In einem Zuge. Versuch's.
(Störtebeker setzt an, trinkt aus)

Syker: *(schafft es nicht ganz, setzt ab)*

Störtebeker: Fast geschafft - Macht nichts. Einer, der mit einem Knüppel sechs Schwertmänner in Bann hält, hat seine Probe bestanden. *(zieht Signe auf seine Knie)* Bleib hier. Ich habe nur noch die halbe Nacht.

Störtebeker:	Du hast mir schon manche Nacht ein paar pralle Taschen voll Lust geschenkt - wenn ich verzweifelt war und ohne Gott. *(küsst sie wild. Zu Syker gewandt - nach einer kleinen Pause)* Kannst Du auch mit richtigen mit Waffen umgehen?
Syker:	Gib mir welche - und ich will's Dir zeigen.
Störtebeker:	Ich nehme Dich. *(reicht ihm die Hand)*
Syker:	Du hast mir das Leben gerettet - hier - meine Hand - für dieses Leben.
Störtebeker:	*(ruft)* Wo bleibt das Bier? Zwei neue Kannen.

Eine andere Hure bringt es zwischendurch.

Signe:	*(küsst und streichelt ihn)* Warum so eilig? Bleib hier - für die Liebe braucht man Zeit, Klaas.
Störtebeker:	*(lacht dröhnend)* Und das sagst Du? Zehn Kerle in der Nacht und mehr -
Signe:	*(kichert)* Ich mache auch Ausnahmen. Na?
Störtebeker:	Ich komm ja wieder, Signe.
Signe:	Wunderherrlich. Ja. Gut. Ich warte - *(flüstert ihm zu)* Ich mach's Dir für die Hälfte. *(kichert)*
Störtebeker:	*(zu Syker)* Ich kann es kaum erwarten - Meine Mannschaft ist komplett mit Dir, Syker.

Wigbold springt in den Raum. Er ist schmal und verhältnismäßig klein. Jedenfalls kein Kämpfer - etwa ein Intellektueller. Sehr beweglich. Etwa 30 Jahre alt, braunhaarig.

Wigbold: Noch nicht ganz, Störtebeker!

Störtebeker: *(springt auf, Signe fällt mit einem Schrei zu Boden, bleibt liegen. Störtebeker hat Wigbold gepackt und über den Tisch geworfen, die Kannen poltern zu Boden)*

Störtebeker: Du spionierst mir nach, Du Hund. Ich habe Dich heute schon zweimal in meiner Nähe gesehen.

Wigbold: *(lächelt)* Es ist eben Liebe auf den dritten Blick.

Störtebeker: Mach`s Maul auf! Los! Wer bist Du?

Wigbold: Mein Name ist Wigbold. Magister der sieben freien Künste. Studiert zu Oxford und zu Wittenberg.

Störtebeker: Ein Verrückter! Was willst Du von mir?

Wigbold: Ich bin aufgebrochen, um einen gewissen Klaas Störtebeker zu suchen. Es wird erzählt - er brauche noch Männer für seine Schiffe.

Störtebeker: Männer! Keine Heringe.

Wigbold: Muskeln sind das eine, wenn man etwas bewegen will - der Kopf das andere. Ich schenke Dir meinen Kopf.

Störtebeker: Ich sage ja - er ist verrückt. *(Lacht, auch Syker und dann alle im Puff)* Kannst Du überhaupt ein Schwert heben?

Wigbold:	Schwerter und Fäuste hast Du genug.
	Mein Kopf wird Dir 50 Männer ersetzen.
Störtebeker:	*(lacht, schlägt sich auf die Schenkel)*
	Wahrhaftig - das muss ich also glauben. Eine Kanne wirst Du nicht austrinken.
Wigbold:	Oh - bei einem guten Besäufnis bin ich immer dabei. Muss ich deshalb eine Kanne austrinken?
Störtebeker:	Warum nicht einmal etwas Verrücktes tun? Bravo. Ich nehme Dich „Magister" Wigbold.
Wigbold:	Danke. Es wird sich auszahlen. Und nun zu meiner Geschichte, die mich vom Katheder der Universität zu Wittenberg hinter Deinen Anker bringt.

Musik

Der wichtigste Muskel (Wigbold)

Wigbold:	In Oxford fing es an, als ich Magister Wicliff traf
	Einen hochgelehrten Meister, aber ganz und gar nicht brav.
	Er stritt sich mit der Kirche, hieß den Papst ein dummes Schaf,
	Und sein Antizölibatismus raubte mir den Schlaf.
	Ich ging nach Wittenberg und wurde sehr gescheit,

Wigbold:	Doch eines Morgens kam die Inquisition hineingeschneit.
	Die wurde ziemlich heftig, und da dachte ich noch matt
	an ein Wort, das mir Magister Wicliff mitgegeben hat.
	Muskeln sind ein schöner Teil des Lebens.
	Sie sind nützlich, seh'n gut aus, und sie bringen 'ne
	Menge Spaß.
	Muskeln hat man meistens nicht vergebens,
	Denn wer keine hat, schmiert sofort ab, und beißt ins
	Gras.
	Muskeln, wenn sie groß sind, locken die Weiber an,
	Wie die Motten, die das Kerzenlicht umschwirr'n.
	Macht doch was ihr wollt,
	Doch was ihr wollt vergessen sollt:
	Der wichtigste Muskel ist das Hirn!
Alle:	Der wichtigste Muskel ist das Hirn!
Wigbold:	Ich sollte schwerstens büßen, für meine Renitenz.
	Der Foltermeister freute sich. „Komm' rein", hieß es,
	„hier brennt's"
	Schöne heiße Eisen liegen für Dich bereit,
	Und keiner wird es hör'n, wenn Meister Wigbold schreit.
	Da halfen keine Muskeln, und keine Eloquenz.
	Mir fiel Magister Wicliff ein, ich zog die Konsequenz.
	Ein schöner großer Scheiterhaufen stand schon auf dem
	Platz.

Wigbold:	Also widerrief ich. Da fiel mir ein der Satz:
	Refrain:
Wigbold u. Narr:	Muskeln sind ein schöner Teil des Lebens....
Alle:	Der wichtigste Muskel ist das Hirn!
Wigbold:	Ich wurde ausgestoßen, exkommuniziert. So zieh' ich jetzt durch's Leben, etwas ramponiert. Und dass mein Liebesleben nicht zu sehr stagniert, treib´ ich`s mit den Weibern, mal zu zweit, und mal zu viert. Ein kleiner, feiner Muskel hilft mir bei der Ferkelei und freut sich immer, wenn er darf, und macht's auch einwandfrei. Er denkt, es sei der Größte, ich laß' ihn auch dabei, wozu soll ich ihm sagen, er sei nur die Nummer Zwei? Denn:
	Refrain:
Alle:	Muskeln sind ein schöner Teil des Lebens..... Muskeln sind ein schöner Teil des Lebens. Sie sind nützlich, seh'n gut aus, und sie bringen 'ne Menge Spaß Bringen 'ne Menge Spaß Muskeln hat man meistens nicht vergebens, Muskeln hat man meistens nicht vergebens,

Alle:	Denn wer keine hat, schmiert sofort ab, und beißt ins Gras.
	Der schmiert auch ab, und beißt ins Gras....
	Muskeln, wenn sie groß sind, locken die Weiber an,
	Muskeln, wenn sie groß sind, locken die Weiber an,
	Wie die Motten, die das Kerzenlicht umschwirr'n.
	Schöne, große Motten .....
	Macht doch was ihr wollt,
	Aah......
(Schluss)	Der wichtigste Muskel ist das Hirn!
	Der wichtigste Muskel....
Wigbold:	Ist meistens....
Alle:	Das Gehirn!

Störtebeker:	Willkommen an Bord, Magister. *(reicht ihm die Hand)*
Syker:	Da komme ich mir fast wie ein Chorknabe vor! Aber der Kerl ist richtig, Klaas.
Störtebeker:	Ja. Das meine ich auch.
Wigbold:	Bringt Bier.
Narr:	und Schnaps!
Wigbold:	Mir wird immer die Zunge trocken -
Narr:	wenn ich nur daran denke.

Wigbold:	*(zu Störtebeker)* Gib mir einen Rheinischen Gulden.
Störtebeker:	Wozu?
Wigbold:	Es soll mein erster Rat in gemeinsamer Sache sein.
Störtebeker:	*(lacht)* Hier. Ich bin gespannt.
Signe:	Was soll ich tun? Brot auftischen oder die Strohsäcke aufschütteln?
Störtebeker:	Die Strohsäcke müssen noch warten, Signe. *(grinst)*
Wigbold:	*(zu Signe)* Das schenkt Dir Klaas Störtebeker.
Signe:	Wofür? Ich habe mich nicht einmal hingelegt.

Störtebeker will etwas sagen, Wigbold winkt ab.

Wigbold:	*(zu Signe)* Es soll ein Geschenk sein - *(zu Störtebeker)* Geschenke erhalten die Freundschaft.
Signe:	*(nimmt die Münze)* Wunderherrlich. *(beißt darauf, steckt sie in den Strumpf)* Das vergesse ich Dir nie - *(feuriger Blick zu Störtebeker)* Wer schenkt schon einer wie mir was -
Störtebeker:	Du bist großzügig mit meinem Geld.
Wigbold:	*(lächelt)* Du brauchst Kundschafter, Zuträger - Vor den nackten Titten der Huren werden die Zungen lebendig. Hier gehen sie ein und aus: Große Herren, Diebe, Kaufleute - alles, was geil ist nach einem Weiberrock.

Syker:	*(grinst)* Ach was, die spricht auch, wenn Du ihr die Hucke gehörig voll haust.
Wigbold:	*(lächelt)* Aber sie wird Dich dabei belügen - Unterschätze die Huren nicht.
Störtebeker:	Ich glaube - der Gulden war gut angelegt. *(hebt die Bierkanne)* Prost!!

Alle trinken.
Zwei Männer Störtebekers schleppen einen Matrosen in das Bordell
vor Störtebeker.

Ein Mann:	Den haben wir aufgegriffen. Er lungerte hier rum und hat nach Dir gefragt.
Matrose:	Ich bin ein Bote von Gödecke Michel.
Störtebeker:	*(gibt ein Zeichen, der Matrose wird freigelassen)* Was will er von mir?
Matrose:	Er lädt Dich zu einem Humpen ein. Sein Schiff, die „Sunte Mareiken", ist heute hier im Hafen eingelaufen. Er bleibt zwei Tage. Wirst Du kommen und wann?
Störtebeker:	Ich komme - wenn ich genug Durst habe. Sag ihm das.
Matrose:	Ich werde es ihm ausrichten. *(ab)*

Störtebeker geht mit Wigbold aus dem Tanz, der zunächst weitergeht.

Musik

Drauf und Drunter (Ensemble)

Ensemble: Oh... oben, oben, oben, ist die Aussicht weit und frei,
               Aber unten, unten, unten, liegst Du schön bequem dabei.
               Aber, aber, aber, willst Du wirklich Sterne seh'n,
               Leg Dich in die Mit- Mit- Mitte, und lass es Dir gut geh'n!

Sie bleiben vor einem Schiff stehen.

5. Bild

Es ist das Gödecke-Michel-Schiff! Die Schiffe Störtebekers und Gödecke Michels unterscheiden sich durch deutlich erkennbare verschiedene Flaggen.

Gödecke tritt den beiden in den Weg.

Gödecke: Wohin des Weges, Landratte?

Störtebeker: Geradeaus - immer geradeaus. *(zieht sein Schwert)*

Gödecke: *(zieht sein Schwert)* Genau wie ich - *(Sie fechten)*

Gödecke: *(lässt sein Schwert fallen, hebt grotesk übertrieben seine Hände zur Ergebung)*
               Genug - genug, Klaas Störtebeker. Ich wollte nur wissen, ob Deine Hand Deinem Ruf gerecht wird. *(lacht)*

Störtebeker: *(lacht, steckt sein Schwert ein)*

Störtebeker: Nun weißt Du es, Gödecke Michel.

Gödecke: Willkommen an Bord meiner „Sunte Mareiken"
(hebt sein Schwert auf. Sie gehen an Bord)
Ich bitte Platz zu nehmen.

Sie setzen sich auf Salzfässer.

Störtebeker: Nun bin ich hier. Was willst Du von mir?

Gödecke: Wann willst Du in See stechen?

Störtebeker: Sobald der richtige Wind für meine Segel weht.

Gödecke: Da hast Du Recht. *(winkt)* Reicht mir den Humpen.
(nimmt ihn, hält ihn einem Matrosen hin, der eingießt)
Lass uns diesen Roten versuchen, den hat mir ein
Hamburger Kaufmann überlassen, als er seine Segel
streichen musste. *(Gelächter)* Lass mir den ersten
Schluck. Ich will schmecken, ob er noch so würzig ist wie
vor einem Monat. *(setzt an - trinkt den ganzen Humpen
in einem Zuge - Beifall der Mannschaft)*
(wischt sich den Mund ab) Er hat nicht gelitten - und
diesen Humpen für Dich.
(Störtebeker wird der gefüllte Humpen gereicht)

Störtebeker: *(lächelt)* Ich werde es nachschmecken.
(setzt an, kippt den Humpen ebenso in einem Zuge)

Gödecke: *(klatscht Beifall - ebenfalls die Mannschaft)* Ich habe
davon gehört, dass Du einen Humpen in einem Zug

Gödecke:	austrinken kannst. Da gibt es nun zwei, die das können.
Störtebeker:	Nur - der Humpen ist zu klein - für meinen Durst. Gebt mir einen zweiten. *(ringsherum Lachen, Zustimmung. Der Humpen wird neu gefüllt. Störtebeker trinkt ihn mit einem Zuge)* So jetzt ist mir wohler.
Gödecke:	Du verdienst Deinen Namen „Störzebecher". *(lacht)* Aber – lass uns etwas anderes probieren. *(winkt, eine Segelrahe wird ihm gereicht. Er steht auf, umfasst das Holz an beiden Enden, versucht es in der Luft zu zerbrechen. Das gelingt ihm schließlich.)* Aaaahh - *(wirft die Stücke Störtebeker vor die Füße)*
Wigbold:	*(nimmt die Stücke auf und betrachtet sie eingehend)*
Gödecke:	*(zu Störtebeker)* Nun - willst Du es versuchen?
Störtebeker:	Gib her. *(es wird ihm eine andere Segelrahe gereicht. Störtebeker versucht, sie zu zerbrechen - es gelingt ihm nicht, wirft das Holz beiseite)*

Schadenfrohes Gelächter

Wigbold:	Das war Betrug. Hier - da siehst Du es - das Holz war angeschnitten.
Gödecke:	*(springt vor, packt Wigbold)* Du wagst es, mich einen Betrüger zu nennen? Das lässt sich nur auslöschen durch eine Gurgel voll Salzwasser - bis sie nicht mehr schluckt.

Störtebeker:	*(schiebt Gödecke beiseite)* Lass ihn - Er ist eine Glocke Gottes - *(blickt sich um)* Habt ihr eine Eisenstange - oder ein Hufeisen?
Gödecke:	Willst Du Eisen biegen?
Störtebeker:	Man kann es ja versuchen - *(Es wird ein Hufeisen gebracht)* Nun, Gödecke, sieh zu. *(Er nimmt das Hufeisen und biegt es auseinander) (Beifall)* Hier. *(reicht es ihm)* Biege es wieder zusammen.
Gödecke:	*(versucht es, es gelingt nicht)* Verdammt. (wirft das Eisen ins Meer) Wie hast Du das gemacht?
Störtebeker:	*(mit etwas Hohn)* Mit diesen Händen, Gödecke.
Gödecke:	Gut - dann bringt ein Hanfseil! Ich kenne keinen, der es zerreißen könnte -
Störtebeker:	Außer Dir -
Gödecke:	Nein. Das habe ich nie geschafft - und es ist keine Schande, wenn auch Du aufgeben musst. *(Inzwischen ist ein Hanfseil gebracht worden) (Befiehlt)* Je drei Mann an die Tauenden - aber die kräftigsten. Ja. Zieht - zieht - versucht es zu zerreißen. *(Sie versuchen es - es misslingt)* Na - willst Du es versuchen?
Störtebeker:	Warum nicht - *(Störtebeker nimmt das Seil in beide Hände)* Nun denn - mit Gottes Hilfe.

Störtebeker:	*(beginnt zu ziehen - es dauert lange - es sieht so aus, als ob er aufgeben muss - dann zerreißt das Seil) (Jubel überall)*
Gödecke:	Wahrhaftig. Ich hätte nie gedacht, dass ich das einmal in meinem Leben sehen werde. Gratuliere. *(ruft)* Ein Stärkungstrunk für uns beide! *(Die Humpen werden vollgegossen.)* Skol!
Störtebeker:	Du mich auch. Also - was willst Du?
Gödecke:	*(es ist nachgegossen worden, der Humpen geht von Gödecke zu Störtebeker einige Male hin und her)* Ich biete Dir an - unter meiner Flagge zu segeln.
Störtebeker:	Wir segeln beide unter der Flagge des Herzogs -
Gödecke:	Und jeder hat seine eigene daneben. Also willst Du?
Störtebeker:	*(lächelt)* Nicht unter Dir, Gödecke Michel - mit Dir - wenn Du das willst. Anders geht es nicht mit Störtebeker.
Gödecke:	*(lacht)* Das habe ich erwartet - Top. Hier meine Hand. Die Strecke der Jäger ist größer, wenn sie sich das Wild zutreiben! *(Handschlag, Trinken)*
Störtebeker:	Der Rote ist gut. Die Hamburger Kaufleute - sie sollen leben - Hoch!
Alle:	Hoch - Hoch – Hoch!

Musik

Der Hamburg-Song (Piraten)

Solo 1:
Hamburg ist 'ne schöne Stadt,
die schönste auf der Welt.
Dort zählt nicht nur das Äußere,
dort zählt vor allem - Geld.
Und ist Dein Geldsack mager,
bist Du ein armes Schwein.
Hüpf' gleich lieber in die Elbe,
mit 'nem Ambosss an dem Bein.

Alle:
Hüpf' gleich lieber in die Elbe,
mit 'nem Amboss an dem Bein.

Refrain:
Alle:
Hamburg, Du schöne Stadt, ahoi!
In Hamburg ist man ehrlich, fromm und treu!
Hamburg, Du frisst mir den Teller leer -
Ich komm' nie wieder, denn ich liebe Dich zu sehr!
Ich komm' nie wieder, denn ich liebe Dich zu sehr!

Solo 2:
Schöne große Pforten
haben Hamburgs Kirchen.
Andere Etablissements
haben Hintertürchen.
Der Teufel und der liebe Gott
machen einen Bogen.

Solo 2:	Vor Hamburg haben sie Respekt: Dort würden sie betrogen.
Alle:	Vor Hamburg haben sie Respekt: Dort würden sie betrogen.
Alle:	Refrain: Hamburg, Du schöne Stadt, ahoi!...
Solo 3:	In Hamburg lebt der Pfeffersack frei von allen Sünden. Schieberei und Schabernack musst Du dort erst finden.
Solo 4:	Aufgehängt wird keiner, wird er doch ertappt. Er wird nur etwas kleiner, denn der Hals wird ihm gekappt.
Alle:	Er wird nur etwas kleiner, denn der Hals wird ihm gekappt.
Alle:	Refrain: Hamburg, Du schöne Stadt, ahoi!...

Der Narr tritt vor -

Narr:	Inzwischen hat Störtebeker mit seinen Leuten den Dänen und einigen anderen mehr - das Fürchten gelehrt. Und es hat sich für Störtebeker bezahlt gemacht, den Magister Wigbold auf seinen „Seewolf" zu holen.

Narr: Er ist der große Planer - ein strategischer Schachspieler,
der immer vier Züge dem Gegner vorausdenkt.
Aber nun - nun liegt Störtebeker mit seinem 'Seewolf'
vor Stockholm und friert sich den A... ab.
Es ist der kälteste Winter seit dreißig Jahren -
Nicht jetzt Bipa, jetzt hat Alex sein Solo.

6. Bild:

Piratenschiff Störtebekers, auf dem 'Seewolf' - eingeschlossen im Eis
vor Stockholm.
Im Hintergrund singt ein gesangsbegabter Pirat ein sentimentales
Seemannslied - (nicht zu laut) - Chor der Piraten.

Musik

Nimmer komm ich an (Pirat)

Pirat: Nimmer hielt die Liebe mich
lang an einem Ort.
Als der zweite Tag verstrich
musste ich schon fort.
Auf zum nächsten Horizont.
Eh' der Tag anbricht.
Anders hab' ich's nie gekonnt

42

Pirat:	Anders will ich's nicht. Stärker als die Liebe noch zieht das Meer mich an Immer muss ich fahren, doch nimmer, nimmer komm' ich an.
Störtebeker:	*(blickt gen Horizont, Hand über den Augen)* Dieses verdammte Stockholm. Wir liegen fest.
Wigbold:	Michel hatte die richtige Witterung.
Störtebeker:	Ja, der war schlauer. Er ist nicht mehr ausgelaufen -
Wigbold:	Nun liegt er in Rostock und wärmt sich seinen Hintern am Feuer.
Syker:	Wenn wir Pech haben, kommen wir erst im Frühjahr wieder los! Das Eis ist einen halben Meter dick - und mehr.
Störtebeker:	Wenn Stockholm nicht so verdammt nahe wäre. Das Eis trägt tausend Mann. Margarete wird Truppen zusammenziehen. *(Blickt gen Horizont - Hand über den Augen)*
Wigbold:	Es ist Dir also auch aufgefallen.
Störtebeker:	Was?
Wigbold:	Vor ein paar Tagen - und gestern wieder - zwei Kerle. Sie sahen aus wie Fischer - aber ich wette, es waren keine.

Syker:	Die schwarze Margarete hat Augen aufgestellt gegen uns.
Störtebeker:	Mit ihren Truppen können wir es nicht aufnehmen. Sie ist eine Füchsin. Aber - wir werden teuer werden für sie.
Wigbold:	*(zu Syker)* Sei ein guter Junge - mach uns noch einen heißen Schnaps.
Syker:	*(grinsend)* Schnaps ist genug da. *(lacht, geht ab)*
Wigbold:	Weshalb sterben, wenn wir das auch den anderen überlassen können. Ich habe einen Plan. Es wird ein hartes Stück Arbeit, aber es könnte uns retten.
Störtebeker:	*(ungeduldig)* Nun rede schon!
Wigbold:	Hör zu. Das Eis ist unsere Rettung. Lass uns Rinnen in das Eis schlagen. Nicht rundherum. Nein. Wir müssen vom Schiff aus Gräben anlegen. Es muss ein Irrgarten werden. Einige tragfähige Stellen müssen bleiben. Dort werden unsere Kerle postiert. Es muss aussehen, als ob sie den Kampf aufnehmen wollen. Lass am Ufer Äste schlagen und hinter den Eisgräben aufstellen - dann Wasser darüber gießen - immer wieder. Es wird dann so aussehen wie eine Verteidigungslinie aus Eis. Es soll sie verlocken, dagegen zu stürmen.
Störtebeker:	Wenn wir die Rinnen heute schlagen - morgen sind sie wieder zugefroren.

Wigbold:	Wir müssen sie eben offen halten. Es ist eine Hundearbeit. Aber es ist unser Leben wert. Ein Irrgarten muss es für sie werden - den sie nicht begreifen können. Das dünne, frische Eis versteckt die Falle.
Störtebeker:	Ja. Teufel noch mal. Das ist ein Plan nach meinem Herzen. Du bist einen Orden wert.
Wigbold:	Den schenk ich Dir. Und bedenke - die Eisenkrieger der schwarzen Margarete bringen in den Plan ihr Lebendgewicht plus Verpackung mit ein.
Syker:	*(kommt mit heißem Schnaps)* Verbrennt euch nicht die Lippen. Das Wasser schlägt Blasen in dem Schnaps.
Störtebeker:	Danke, Syker.
Syker:	*(zu Störtebeker)* Hat der Magister ein Rezept gegen die Dänen gefunden?
Störtebeker:	Ja. Und ein verdammt gutes.

7. Bild

Musik

Die Geschichte vom Soldaten Jan (Narr)

Narr:	Hört die Geschichte vom Soldaten Jan Ein tapferer Krieger, und ein starker Mann

Narr:	Wahrhaft herkulisch, seine Anatomie:
	Der beste Mann in seiner Kompanie.
Chor:	Der beste Mann in seiner Kompanie!
Narr:	Tausend Soldaten marschieren auf den Strand
	„Halt und stillgestanden!" Es spricht der Kommandant
	"Männer schlagt die Zelte auf, und fresst euch satt,
	Morgen machen wir Herrn Käpt'n Störtebeker platt!"
Chor:	Morgen machen wir Herrn Käpt'n Störtebeker platt!
Narr:	Eisig ist die Luft, und der Wind pfeift ungeheuer
	Jan der Soldat friert nachts am Lagerfeuer
	Er wartet auf den Morgen, freut sich auf die Schlacht,
	Und fragt sich, als er einschläft, was sein Liebling jetzt
	wohl macht
Chor:	Und fragt sich, als er einschläft, was sein Liebling jetzt
	wohl macht
	Bald geh'n wir wieder tanzen
	Bald wird's mir wieder warm
	Bald schon nehm' ich mein Mädchen
	Wieder fest in den Arm.
Chor:	Bald schon nehm' ich mein Mädchen
	Wieder fest in den Arm.
Narr:	Tausend Soldaten marschieren auf das Eis
	Es glitzern tausend Speere, die Banner strahlen weiß.
	Tausend rauhe Kehlen schreien wie ein Mann,

Narr:	Und Störtebeker steht am Deck, und schaut sich alles an.
Chor:	Störtebeker steht am Deck, und schaut sich alles an.
Narr:	Jubelnde Soldaten freu'n sich auf die Schlacht Keiner hört es mehr, als das Eismeer kracht Jan blickt kurz zurück, doch irgendwie Ist sie nicht mehr da, seine Kompanie.
Chor:	Ist sie nicht mehr da, seine Kompanie.
Narr:	Der letzte Rückzug Jans endet schließlich submarin, Denn tiefes schwarzes Wasser wartet leider auch auf ihn. Und als das Licht erlischt, in seinem nassen Sarkophag Fragt er sich, woran sein Mädchen jetzt wohl denken mag?
Chor:	Fragt er sich, woran sein Mädchen jetzt wohl denken mag? Bald geh'n wir wieder tanzen Bald wird's uns wieder warm Bald schon neh'm ich mein Mädchen Wieder fest in den Arm.
Chor:	Bald schon neh'm ich mein Mädchen Wieder fest in den Arm.
Narr:	Tausend Soldaten liegen auf dem Grund Der Frühling kommt, das kleine Schiff entschwindet aus dem Sund.

Narr:	Freunde legt ihr euch mit Käpt'n Störtebeker an - Denkt an die Geschichte vom Soldaten Jan!
Chor:	Denkt an die Geschichte vom Soldaten Jan!
Wigbold:	50 Dänen auf einen von uns.
Narr:	*(schreit ekstatisch)* 50 zu 1! Sieg! Sieg! Das ist ja unglaublich! Sieg für Störtebeker!

Musik

Störtebeker Klaas - Reprise (Narr, Wigbold, Piraten)

Stichwort Narr: „Ein Sieg für Störtebeker!"

Störtebeker:	Anker hoch, und Leinen los!
Piraten:	Der Sturmwind bläst aus dem Norden!
Narr:	Auf, zum nächsten Gnadenstoß!
Piraten:	Der Sturmwind bläst aus dem Norden!
Wigbold:	Nieder mit Politikern, und reichem Pack! Männer, seid stolz, dass Ihr dabei seid! Nieder mit dem Henker und dem Pfeffersack!
Piraten:	Uns gehört die Freiheit!
Narr:	Gerechtigkeit schaffst Du allein,

Piraten:	Störtebeker Klaas!
	Niemals wirst Du Verlierer sein,
	Störtebeker -
	Störtebeker Klaas!

8. Bild

Wieder das Bordell. Signe, andere Huren, Freier, Sie trinken, küssen, greifen -

Signe:	(*Bei einem Gast*) Vier Becher - und zwei dazu. Das sind jetzt sechs. Nun erst einmal etwas Hartes in die Hand. Klaas bekommst Du noch was?
Störtebeker:	(*greift sich Marinke*) Danke, mein Schatz, ich habe, was ich brauche. (*Ab mit Marinke*)

Der Gast zahlt.

Signe:	Und die nächste Ladung nur noch für Plinke-Plinke auf den Tisch. Ist das klar, ihr Geilfinken? (*blickt um sich*) Wo bleibt unsere Puffmutter?
Puffmutter:	Hier!
Signe:	Kümmer' Du Dich doch mal um die trinkfaulen Kunden.

Wigbold tritt ein -

Signe:	Ah, der Herr Magister. Etwas früh für's Stroh - oder was für die Kehle?

Wigbold:	*(greift nach ihr)* Warum nicht beides?
Signe:	*(kreischt auf)* Wie es der Herr befehlen. Ein Bier zuerst?
Wigbold:	Ja - und schön kalt, wenn es sich machen lässt. *(blickt sich um)*

Wigbold steht auf, sieht sich weiter suchend um. Geht zu einigen Tischen in den Nischen, Signe kommt zurück, stellt das Bier auf den Tisch. Wigbold setzt sich wieder, zieht sie auf seinen Schoss.

Wigbold:	Wo ist Störtebeker? Ich muss ihm etwas sagen.
Signe:	Den kannst Du jetzt nicht stören, der macht die große Wippe mit Marinke.
Wigbold:	Er ist da oben?
Signe:	Eben war er noch zu hören.
Wigbold:	Warum mit Marinke und nicht mit Dir?
Signe:	So was muss auch mal sein. Und der Klaas - der hat mehr als zwei Hände. Kleiner, ich mag Dich. Ich mag Dich wirklich. Du bist nicht wie die anderen. Du sagst mehr, als alle anderen, selbst wenn Du die Klappe hältst.
Wigbold:	Ich mach Dir den Tag zur Nacht. Warte nur - bis ich Dich auf dem Stroh habe.
Signe:	*(lacht)* Wirst Du mir wieder was schenken, wenn ich Dir ein Geheimnis verrate?

Wigbold:	Ich bin gespannt.
Signe:	Ein hoher Herr - er war hackenkackenvoll und wollte unbedingt einmal eine vom Bordell unter sich haben. Und dann hat er erzählt -
Wigbold:	Ich geb Dir einen rheinischen Gulden - wenn es was wert ist. *(trinkt)*
Signe:	*(halblaut)* Wunderherrlich. Also - es geht um Herzog Johann.
Wigbold:	Was weißt Du schon von ihm? *(er will sie zum Reden bringen)* Das ist doch alles nur Geschwätz.
Signe:	Nein. Bestimmt nicht. Und er hat nicht gelogen - ganz bestimmt nicht. Gib schon. Wunderherrlich.

Lärm über der Treppe - im ersten Stock des Puffs. Ein Hinfallen ist zu hören. Geschrei.

Signe:	das Geheimnis - so erzählte er - schon voll wie ein Amtmann - das größte Geheimnis:

Lärm oben - lauter jetzt.

Störtebeker:	Ihr Banditen - ihr Schweinehunde. Loslassen! Loslassen!
Stimme:	*(dänisch)* Versuch ja keine Tricks, Du Hund.

Gepolter oben, Fetzen dänischer Flüche.

Wigbold:	*(ist aufgesprungen)* Da stimmt was nicht.

Wigbold:	Schnell, gib mir einen Rock und eine Haube. Schnell! Schnell doch! *(zieht einen Dolch aus dem Gürtel, prüft ihn)*
Signe:	*(reicht ihm ihre Kleidungsstücke, die Wigbold blitzschnell anlegt)* Was willst Du tun?
Wigbold:	Wart's ab. *(stellt sich auf die Seite)*
Häscher 1:	*(dänisch)* Jetzt hast Du Deine Pfoten da, wo sie hingehören.
Häscher 2:	*(lachend)* - auf dem Rücken.

Störtebeker wird die Treppe hinunter gestoßen. Er ist gefesselt. Zwei Männer zerren ihn durch das Pufflokal. Störtebeker wehrt sich. Die halbbekleidete Marinke folgt in Abstand. Sie schreit.

Marinke:	Klaas! Bitte lasst ihn! Klaas!
Störtebeker:	*(ruft)* Signe! Signe!
Häscher 1:	*(dänisch)* Weitergehen, Du Schwein -
Signe:	*(lässt sich sehen, ängstlich)* Ja. Ja - Klaas -
Störtebeker:	Ruf den Magister, Die zwei dänischen Schweine haben mich erwischt - auf dem Stroh.
Marinke:	Mit mir!
Häscher 1:	*(dänisch)* Weitergehen. Wird's bald. Vorwärts!
Störtebeker:	Im schönsten Augenblick.
Marinke:	Vor dem schönsten Augenblick.

Störtebeker: Dafür werdet ihr bezahlen.

Wigbold: *(mit verstellter Stimme)* Und wer bezahlt mich?
Acht Kannen Bier und Marinke.

Marinke: Ich hab auch nichts gekriegt.

Wigbold hat blitzschnell seinen Dolch gezogen. Er sticht mehrmals zu.
Die beiden Dänen stürzen zu Boden.

Häscher 1: *(dänisch)* Mich hat's erwischt -

Häscher 2: *(dänisch)* Mir hilft keiner mehr -

Störtebeker: *(wirbelt herum, sieht Wigbold in Weiberkleidern,
den Dolch in der Hand.)*

Harry: Die sind erledigt.

Marinke: Schade, der Kleine war süß.

Störtebeker: *(lacht laut)* Bringt die kalten Brüder weg.

Inzwischen hat Wigbold ihm die Fesseln zerschnitten.

Wigbold: *(mit verstellter Stimme)* Wenn der Herr noch mal
Lust haben - ich bin spitze.

Störtebeker: Magister, Du Teufelskerl. *(umarmt Wigbold stürmisch)*

Wigbold: *(schreit)* Lass mich am Leben! Und Bier - Bier her -
und mach schnell!

Störtebeker: Beinahe hatten sie mich gehabt - beinahe.
Heute kann ich nichts Dänisches mehr sehen!

Marinke: Ich bin nicht dänisch.

Die Toten werden aus dem Raum geschleift.

Störtebeker: Ach Magister, das hätte ich Dir nie und nimmer zugetraut.

Wigbold: *(ruft in den Raum)* Bring zwei große Schnäpse.

Störtebeker: *(lacht auf)* Da mach ich mit -

Narr: Drei! Das ist Medizin für mein Knie.

Bier wird gebracht. Sie trinken.

Wigbold: Ich wollte Dir eine Nachricht bringen.
Margarete und Johann wollen sich wieder treffen.
Wir müssen jetzt genau überlegen, was zu tun ist.

Störtebeker: Morgen - Übermorgen - Ja. Diese Nacht gehört Dir und mir - und sie soll so verrückt werden wie die See bei Sturm. *(Anstoßen, Trinken)*

Wigbold: Einverstanden - nur vergiss es nie - diese Margarete könnte uns leicht in die Suppe spucken.

Störtebeker: Dann werden wir sie zwingen, die Suppe auszulöffeln. *(Die Schnäpse kommen, Anstoßen, Trinken)*

Narr: Seht ihr, meinem Knie geht es schon viel besser.

Störtebeker: Auf die Freundschaft. *(beginnt ein Lied zu singen)*

Musik

Männerfreundschaft (Störtebeker, Wigbold)

Störtebeker: Mit 'nem Fal, lal, di ra auf den Hopfen!

Wigbold: Mit 'nem Fal, lal, di ra auf den Korn!

Beide: Mit 'nem Fal, lal, di ra auf die schöne Ann-Marie
            Die ein Ständchen bläst, auf meinem krummen Horn!

Störtebeker: Liselotte sitzt zu Haus und wartet auf den Hansi
            Auch wenn´s immer später wird, sie wartet noch.
            Das kann sie.

Wigbold: Hansi sitzt mit Peter, wo die vollen Gläser klingen
            Und plötzlich steht er auf, und muss ganz dringend
            singen.

Störtebeker: Einen könnt ich grade noch vertragen,
            Ich muss Dir noch was ganz, ganz Wichtiges sagen
            Mit Dir ins Glas zu schauen, ist ein echtes Privileg.
            Also, einen für den Magen noch, und einen für den Weg.
            Trinken wir darauf ein Bier, und noch 'nen Klaren auch
            Die Liebe und die Freundschaft, die gehen durch den
            Bauch!

Wigbold: Uns're Helden kehren heim, spät, und doch voller Stolz

Störtebeker: Peter kriegt 'nen Faustschlag

Wigbold: und Hans das Nudelholz

Störtebeker: Gleich am nächsten Abend ist es wieder mal soweit

Wigbold: Sie haben wieder volle Gläser

Beide: und jetzt singen sie zu zweit

Beide: Einen könnt ich grade noch vertragen,
Ich muß Dir noch was ganz, ganz Wichtiges sagen
Mit Dir ins Glas zu schauen, ist ein echtes Privileg
Also, einen für den Magen noch, und einen für den Weg.

Beide: Trinken wir darauf ein Bier, und blasen wir 'nen Marsch
Die Liebe und die Freundschaft, die sind irgendwann im
Aa-a-a-men!
Mit 'nem Fal, lal, di ra auf den Hopfen!
Mit 'nem Fal, lal, di ra auf den Korn!
Mit 'nem Fal, lal, di ri auf die schöne Ann-Marie,
Die ein Ständchen bläst, auf meinem krummen Horn!

Puffmutter: Feierabend!

Musik

Playout Männerfreundschaft

9. Bild

Störtebeker: Bringt den Gefangen nach unten.

Syker und zwei der Mannschaft ab.

Wigbold:	Was hast Du mit ihm vor? Was immer es sei. Wir sind hier im Hafen. Draußen auf See geht sowas leichter.
Störtebeker:	Nicht bei dem da.

Simon von Utrecht wird vor Störtebeker gestellt.

Störtebeker:	Nehmt ihm die Fesseln ab. *(Weist auf einen Sessel, setzt sich)*
Utrecht:	Du bist Störtebeker - und so weiß ich, was ich zu erwarten habe. Tue es - und tu es rasch.
Störtebeker:	Wozu die Eile, Herr Simon von Utrecht aus Hamburg.
Utrecht:	Ich sehe - Du weißt von mir.
Störtebeker:	Du hast, nicht zu ruhen, bis Du mich unter dem Beile hast. *(lacht)* Das könnte ein Meineid werden.
Utrecht:	Nicht - wenn ich frei bin.
Störtebeker:	*(zu Wigbold)* Gib mir diesen Brief.

Wigbold reicht ihm den Brief.

Störtebeker:	Ein Bote des Hamburger Rates an Margarete - die schwarze Margarete.
Utrecht:	So ist es.
Störtebeker:	Wir haben die Botschaft gelesen, und es hat mich amüsiert. *(zu Wigbold)* Lies vor.
Wigbold:	*(liest)* Bieten wir Eurer Majestät an - gemeinsam

Wigbold:	gegen die Piraten und den Herzog vorzugehen - um den Handel auf der Ostsee zu retten . . Wir schlagen vor . . eine gemeinsame Kasse zur Rüstung .. und so weiter. Eine Konferenz auf neutralem Boden.
Störtebeker:	Genug. Wir werden den Brief weiterleiten. Margarete hat ein Recht darauf zu erfahren, wie die Hamburger Herren denken.
Utrecht:	Warum lässt Du mich bei Dir sitzen? Willst Du meiner Hilflosigkeit spotten?
Störtebeker:	Nichts dergleichen, Du bist eine tapferer Mann. Ich habe nur mit Mühe gegen Dich bestanden. Leiste mir bei einem Humpen Wein Gesellschaft - dann kannst Du gehen.
Utrecht:	Du lässt mich frei?
Störtebeker:	Wie könntest Du sonst Deinen Schwur einlösen. *(lacht dröhnend)*
Utrecht:	Es werden viele Geschichten erzählt über Dich und Deine Leute. Es entstehen immer Märchen, wenn sich Kühnheit mit Angst verbündet. Aber - ich fange an zu begreifen: einige Farben stimmen in dem Bild, das gemalt wird von Dir.
Störtebeker:	Du wärst ein Mann für mich, Simon. Aber - ich weiß - Du hältst es für ehrenrührig - Wir sind Soldaten des

Störtebeker: Herzogs Johann - Piraten sagt ihr. Wie nennt ihr dann die, denen wir geschworen haben? Aber das nur nebenbei. Was ihr nicht wisst - wir suchen nach neuen Ufern, nicht nur nach Beute. Ist Dir noch noch nie in den gekommen, dass die Gewichte dieser Welt verändert werden könnten - und dass es dazu Beispiele braucht? Man nennt uns die Likedeeler, weil wir alles ohne Ansehen von Person oder Rang zu gleichen Teilen teilen. Verstehst Du - das ist der Anfang, um die Gewichte zu ändern. Und glaube mir - Gott ist auf meiner Seite. Und weißt Du warum? Weil für ihn nur die Haut zählt, nicht die Farbe und nicht das Gewand darüber.

Utrecht: Du willst die Welt umstoßen. *(Der Wein wird gebracht)* Nun denn - trinken wir darauf.

Störtebeker: Schön von Dir, auch wenn Du noch nicht daran glaubst. Du hattest einen Wegführer. *(zu der Mannschaft)* Bringt ihn hinunter. *(hebt seinen Humpen)* Auf Dich! Ich denke wir sehen uns nicht das letzte mal.

Der Wegführer wird gebracht.

Störtebeker: Nimm ihm die Stricke ab.

Fischer: Danke, Herr.

Störtebeker: Sage nicht, „Herr" zu mir. Ich bin ein Mensch wie Du. Hast Du Simon von Utrecht geführt?

Fischer:	Ja. Ich bitte nicht um mein Leben. Wenn es mir genommen wird - ich wäre fast zufrieden.
Störtebeker:	Du bist Fischer?
Fischer:	Ich war es - früher - früher einmal.
Störtebeker:	Was ist mit Deinem Arm passiert - und mit Deinem Gesicht?
Fischer:	Das war - die Herrenanpassung. Seitdem versäume ich nie, zu jedem 'Herr' zu sagen - ob er es ist oder nicht.
Utrecht:	Soll er jetzt für mich büßen?
Wigbold:	Hat er Dir nicht die Antwort schon gegeben?
Störtebeker:	Nein. Er ist frei wie Du. Es macht keinen Sinn Menschen zu töten ohne Not.
Wigbold:	*(zu dem Fischer)* Also, was ist mit Deinem Gesicht und Deinem Arm geschehen?
Fischer:	Ich konnte die Fischrechte für das Jahr nicht bezahlen. Die Fänge waren klein. Und da ließ mich mein Lehnsherr holen. Sie haben mir den Arm gebrochen - und mein Gesicht haben sie ins Feuer gehalten - arbeiten kann ich nicht mehr. So muss ich jeden Dienst tun, denn da sind Kinder und eine kranke Frau und knurrende Mägen - zum Betteln bin ich noch nicht tief genug gesunken.

Störtebeker:	Geh nach Hause. Das hilft Dir über die nächste Zeit. *(reicht ihm Goldstücke)* Hier -
Fischer:	Danke. Ich kann mir nicht leisten - nein zu sagen. *(Pause)* Es wird erzählt - Du bist der Schatten des Schwertes Jesu.
Störtebeker:	Jesus hatte kein Schwert.
Fischer:	Aber Du.. *(verbeugt sich, tritt beiseite)* Gott befohlen.
Utrecht:	*(nachdenklich)* Bei einem anderen würde ich meinen, er tut das, um mich eine Geschichte erzählen zu lassen. Nein - das bist Du nicht.
Störtebeker:	*(zu Utrecht)* Geschichten wie seine habe ich schon viele gehört und schlimmere. Das hat mir ein Schiff unter die Füße gebracht. Ich gehöre nicht mehr zu den Ohnmächtigen. Nun stehe ich den Mächtigen gegenüber und spüre Furcht in ihren Augen. Es ist nicht alles von Gott gegeben für die Ewigkeit -
Utrecht:	Ich werde das, was da erzählt wird über Dich durchdenken. Männer wie Dich könnte man in der Politik brauchen. *(steht auf)*
Störtebeker:	Auf Wiedersehen, Simon von Utrecht. Einen Gruß an die Hamburger Ratsherren. Ich werde sie bald besuchen. Bringt ihn von Bord.

Utrecht verbeugt sich. Er und der Fischer werden von Bord geführt.

Wigbold:	Hat er verstanden, was Du gesagt hast?
Störtebeker:	Ich war ihm nahe - So etwas spüre ich.
Wigbold:	Du hättest den Fischer nicht so reich beschenken sollen.
Störtebeker:	Er brauchte es.
Wigbold:	Das wohl - aber sie werden ihn hängen, wenn sie die Goldstücke sehen. Besser, sie wissen nicht, dass sie von Dir sind - Sonst hängt er gleich am Strick. *(Wigbold gibt einen Wink, Wein wird nachgegossen)* Du hast ein großes Herz, Klaas Störtebeker - aber vergiss nicht: Ein Loch stopfen, heißt nicht, die Flut aufhalten. *(Stößt mit ihm an, sie trinken und lachen)*
Störtebeker:	Aber man muss es doch versuchen!

10. Bild

Fanfare (Trommeln und Trompeten)

Zu den Trommeln und Trompeten marschieren rechts und links der Bühne Soldaten der Hamburger auf, sie bleiben an den Seiten stehen.

Ratsherrensitzung im Hamburger Rathaus. Sie sitzen um eine hufeisenförmigen Tisch.

Bürgermeister Schocke schwingt eine Glocke.

Schocke:	Ich bitte um Ruhe.

Es tritt langsam Ruhe ein.

Schocke: Ich erteile dem Ratsherren Hoyer wieder das Wort.

Hoyer: Ich danke Ihnen, Herr Bürgermeister. Wir wissen also jetzt, dass dieser Störtebeker unsere Botschaft an die Königin Margarete kennt - und damit wissen es auch alle anderen Piraten.

Zwischenrufe: Und wenn schon? Was ändert das? Nichts! Gar nichts.

Hoyer: Da täuschen Sie sich aber sehr, Herr Miles. Diese Botschaft kann Aktionen der Piraten auslösen, die alles übertreffen - was wir bisher durch sie erleiden mussten.

Schocke: Erläutern Sie das bitte.

Hoyer: Störtebeker und die Piraten kennen nun unsere Absicht, uns mit der Königin Margarete zusammenzutun, Das wird zum offenen Krieg zwischen den Piraten und Hamburg führen.

Lange: *(ruft dazwischen)* Und wie nennen sie das, was bisher war? Etwa keinen Krieg?

Hoyer: Ein verdeckter Krieg, Herr Lange. Eine neue Lage ist gegeben. Hier müssen unsere Überlegungen beginnen. Wir sollten diesen Störtebeker nicht verfolgen - wir sollten ihn für uns benutzen. *(setzt sich)*

Schocke: Das Wort hat Herr Lange.

Lange:	Dieser Störtebeker fühlt sich als König aller Meere. Er hat die Frechheit besessen, unseren Sendboten Simon von Utrecht unser Schreiben an Margarete abzunehmen - und es ihr durch eigenen Boten zu überreichen - natürlich, nachdem er es gelesen hatte - wie wir alle wissen.
Schocke:	Sie lachen, Herr von Utrecht? Warum?
Utrecht:	Verzeihen Sie, Herr Bürgermeister, Ratsherr Lange. Er hat es mir angekündigt - und ich habe es nicht geglaubt.
Lange:	Wir haben durch diesen Störtebeker und seine Genossen inzwischen Verluste in die Hunderttausende erlitten -

Zwischenrufe: Millionen! Millionen! So ist es - Millionen.

Lange:	Ja - vielleicht sogar mehr.
Miles:	Das wird niemand bestreiten. Verzeihung, Herr Bürgermeister, Ratsherr Lange, wenn ich das dazu sage - aber auch das muss erwähnt werden. Störtebeker hat sich bisher von den Schiffen der Hanse weitgehend ferngehalten.

Gelächter. Proteste.

Zwischenruf: Das kenne ich anders - Das wüsste ich aber!

Zwischenruf: Das ist nicht wahr.

Miles:	Ja. Es sind auch Hanseschiffe von ihm gekapert worden - aber bisher konnte man das noch als Versehen - als zufälligen Übergriff ansehen.
Stimmen:	*(durcheinander)* Hört! Hört! Er sollte Priester werden. Das ist alles Lüge! Lüge für wen?
Miles:	Bei Gödecke Michel ist das anders. Das muss ich zugeben. Aber unsere größten Verluste sind ja gar nicht durch das Kapern von Handelsschiffen entstanden.
Stimmen:	Vielleicht war es der liebe Gott. Durch was? Durch was dann?
Miles:	Dadurch, dass die Schiffahrtswege unsicher geworden sind. Dadurch kam der Handel zum Erliegen. Und hier müssen wir einsetzen. Ich halte Störtebeker immer noch für einen der Vernünftigsten dieser Sorte. Ich schlage vor, dass wir mit ihm in Verhandlungen eintreten.
Lange:	Niemals. Solange ich hier im Rat von Hamburg sitze - Niemals! Das nenne ich Verrat!
Stimmen:	*(durcheinander)* Verrat! Verrat. Unerhört! Lasst ihn zu Ende sprechen.
Miles:	Was verlieren wir denn, wenn wir mit ihm sprechen?
Schocke:	Wir würden ihn zu unserem Partner erheben.
Lange:	Sehr richtig. Ihr sagt, dass Störtebeker bisher nur wenige Hanseschiffe angegriffen hat - nun, wenn es so ist -

Lange:	bei dieser Art von Kerlen kommt er Appetit beim Essen. Hier gibt es nur eines. Sie müssen ausgerottet werden.
Schocke:	Herr von Utrecht, Sie sind als einziger von uns diesem Störtebeker begegnet. Was halten Sie von ihm?
Utrecht:	Ich habe mit ihm geredet - und er mit mir. Aber heißt das schon - einen Menschen kennen?
Lange:	Sie nennen den einen Menschen, dieses Schwein.
Schocke:	Herr Lange!
Schocke:	Bitte, Herr von Utrecht - weiter.
Utrecht:	Ja. Ich nenne ihn einen Menschen. Er hat mich gehen lassen mit Grüßen an den Rat - und dass er bald selbst herkommen wird, um sich vorzustellen. So ähnlich sagte er es.
Lange:	Da habt ihr es. Dieser Kerl ist größenwahnsinnig.

Unruhe. Glocke.

Schocke:	Bitte, Herr von Utrecht. Weiter.
Utrecht:	Ich weiß nicht - er hat mich beeindruckt. Aber dieser Mann ist kein Pirat im eigentlichen Sinne - da ist mehr dahinter.
Lange:	Wollen Sie sich auf seine Seite schlagen?
Utrecht:	Ach Ratsherr Lange. Nein. Aber er ist anders. Ein gefährlicher Träumer - mit dem Schwert in der Hand.

Schocke:	Gefährlich für wen?
Utrecht:	*(halblaut)* Für alle ewig Gestrigen.
Schocke:	Und was raten Sie?
Utrecht:	Ich weiß nicht. Man müsste ihm ein Betätigungsfeld geben - irgendwo vielleicht an den Küsten im Friesischen. Ach, vergessen Sie es, hohe Ratsherren. Leute wie er sind zum Untergang bestimmt. *(kleine Pausen)* Bekämpft ihn. Es bleibt nichts anderes übrig. *(setzt sich)* Bekämpft ihn.

Die Tür wird aufgerissen. Der Narr tritt herein.

Narr:	Verzeihen Sie, Herr Bürgermeister, hohe Ratsherren Diese Papiere kreisen in Hamburg. Es ist ein Aufruf von Störtebeker. *(Verteilt Zettel an den Bürgermeister und die Ratsherren)* *(er liest)* Ihr wollt eine freie Hansestadt sein - dann seit es auch. Seid es für alle – nicht nur für eine Handvoll Pfeffersäcke mit ihren Lagern, die von Jahr zu Jahr wachsen und wachsen. So lange auch nur einer in Hamburg Hunger leidet oder vor Hamburgs Mauern krepiert - läuft etwas falsch. Denkt nach, Bürger. Überlegt - warum nur wir die Likedeeler genannt werden - und nicht auch ihr. Es grüßt Euch Klaas Störtebeker.

Tumult. Zwischenrufe.

Musik

Pausenfinale (Schocke, Ratsherren, Störtebeker, Piraten)

Stichwort Tumult: „Nieder mit Störtebeker!" usw.

Schocke:	Jetzt genug der Faselei, seine Schonzeit ist vorbei, In Hamburg!
Ratsherren:	In Hamburg!
Schocke:	Wir verlieren keine Zeit; die Soldaten steh'n bereit, In Hamburg!
Ratsherren:	In Hamburg!
Schocke:	Jeder, der mit Hamburg scherzt, spielt mit dem Feuer. Störtebeker wagt es, und die Strafe wird sehr teuer! Wir werden alle Mann vernichten, und Störtebeker richten, In Hamburg!
Ratsherren:	In Hamburg! Wir warnen Dich, das gibt Krieg!
Störtebeker:	Eure Bürger sind ein Witz; wenig Hirn und viel Besitz, In Hamburg!
Piraten:	In Hamburg!
Schocke:	Jetzt genug von Faselei, denn die Schonzeit ist vorbei, In Hamburg!

Ratsherren:	In Hamburg!
Störtebeker:	Selbstzufrieden und zu fett, liegen tagelang im Bett, In Hamburg!
Piraten:	In Hamburg!
Schocke:	Wir verlieren keine Zeit; die Soldaten steh'n bereit, In Hamburg!
Ratsherren:	In Hamburg!
Piraten:	Uns gehört das Wasser, die Wellen und der Wind.
Ratsherren:	Jeder, der mit Hamburg scherzt, spielt mit dem Feuer.
Piraten:	Lasst Euch von uns zeigen, was Piraten sind!
Ratsherren:	Störtebeker wagt es, und die Strafe wird sehr teuer!
Störtebeker:	Wir werden Euch besiegen, und Ihr werdet uns nie kriegen.
Piraten:	Nach Hamburg! Nach Hamburg!
Schocke:	Die Geduld ist erschöpft; Störtebeker wird geköpft.
Alle:	Wir warnen Euch: Das gibt Krieg!
Piraten:	Uns gehört das Wasser, die Wellen und der Wind.
Ratsherren:	Jeder, der mit Hamburg scherzt, spielt mit dem Feuer.
Piraten:	Lasst Euch von uns zeigen, was Piraten sind!
Ratsherren:	Störtebeker wagt es, und die Strafe wird sehr teuer!

Störtebeker:	Wir werden Euch besiegen, und Ihr werdet uns nie kriegen.
Piraten:	Nach Hamburg! Nach Hamburg!
Schocke:	Die Geduld ist erschöpft; Störtebeker wird geköpft,
Alle:	Wir warnen Euch: Das gibt Krieg!

P A U S E

Ouvertüre

Nathalie kommt auf die Bühne.

Nathalie: Papa? Papa, wo steckst Du?
(leise) Hoffentlich hat er sich in der Pause nicht wieder angesoffen!
(laut) Papa, wo zum Teufel steckst Du?

Hein kommt mit einem Stapel Papiere hinter der Treppe hervor

Hein: Hier! Wo soll ich schon sein? Im Büro natürlich. Die Abrechnungen warten nicht. Immer dieser dämliche Papierkram. Einzahlungen, Quittungen, Auszahlungen. Manchmal frage ich mich, wie wir mit unserem Einkommen auskommen sollen. Was gibt's, wo brennt's denn?

Nathalie: *(grault ihn am Ohr)* Du, Papilein...

Hein: Das wird teuer. Also, wie viel?

Nathalie: Nein, Papilein, das ist es nicht.

Hein: Sondern?

Nathalie: Na ja, weißt Du, der Jan, der Neue ...

Hein: Kommt gar nicht in Frage und schon gar nicht mit dem.

Nathalie:	Nun warte doch mal, Du weißt ja noch gar nicht, was ich sagen will.
Hein:	Ich kann es mir schon denken. Kommt nicht in Frage.
Nathalie:	Aber, Papilein...
Hein:	Nein!
Nathalie:	Papi!
Hein:	Nein, nein, nein, was sollen die Leute denken!
Nathalie:	Papa, Du bist unausstehlich!
Hein:	Ach, unausstehlich. Du, untersteh´ Dich! Also, zu meiner Zeit...
Nathalie:	Ja, ja, zu Deiner Zeit -

11. Bild

Musik

Einmal (Nathalie/Hein)

| Hein: | Zu meiner Zeit ....
Die Bäume waren grüner und der Himmel ach so blau
Da war es schön, Jung zu sein
Zu meiner Zeit
Die Mädchen unbekümmert und wir Jungs,
wir waren schlau |

Hein:	Es war so schön, Jung zu sein.
	Küsse unterm Sommerlaub,
	Sanft und wunderbar
	Sonnenglanz und Blütenstaub,
	Im zerwühlten Haar
	Kannst Du mir sagen
	Wo die Jahre sind?
	Weißt Du, wie ich täglich spüre,
	Wie die Zeit zerrinnt?
	Einmal möcht' ich wieder durch den Sommermorgen geh'n,
	Einmal verloren und verliebt
	Einmal nur noch jung sein, und die Zeit bleibt einfach steh'n,
	Sag' mir, dass es das noch einmal gibt!
Nathalie:	Es kommt die Zeit
	Die Bäume werden grüner, und der Himmel ach, so blau
	Da wird es schön, jung zu sein
	Es kommt die Zeit
Hein:	Die schönste meines Lebens, dass weiß ich ganz genau
	Es ist schön, Jung zu sein.
	Sommermond und Zauberstrand,
	Da wird es endlich wahr
Hein:	Sternenglanz und und gold'ner Sand

Hein:	Im zerwühlten Haar Wann wird es passieren? Wann ist es so weit? Wie lange muss ich warten, Und wie langsam fließt die Zeit! Einmal möcht' ich endlich durch den Sommermorgen geh'n, Einmal verloren und verliebt Einmal will ich's spüren, und die Zeit bleibt einfach steh'n, Sag' mir dass es das noch einmal gibt. Das es doch noch einmal gibt!
Hein:	Einmal möcht' ich wieder durch den Sommermorgen geh'n,
Nathalie:	Einmal möcht' ich endlich durch den Sommermorgen geh'n,
Hein:	Einmal verloren und verliebt
Nathalie:	Einmal verloren und verliebt
Hein:	Einmal nur noch jung sein, und die Zeit bleibt einfach steh'n,
Nathalie:	Einmal, und die Zeit bleibt einfach steh'n
Hein:	Einmal möcht´ich wieder durch den Sommermorgen geh'n,

Nathalie:	Einmal möcht' ich endlich durch den Sommermorgen geh'n,
Hein:	Einmal verloren und verliebt
Nathalie:	Einmal verloren und verliebt
Hein:	Einmal nur noch jung sein, und die Zeit bleibt einfach steh'n,
Nathalie:	Einmal, und die Zeit bleibt einfach steh'n
Beide:	Sag' mir, Sag' mir, dass es das noch gibt!
Nathalie:	Mensch Papa, die Pause ist zu Ende.

Festmusik

Die Ratsherren setzen sich bei dieser Musik mit ihren Damen.
Der Bürgermeister in Festtracht mit allen dazu gehörigen Insignien.

Schocke:	*(erhebt sich)*
	Verehrte Damen, verehrte Herren! Zum alljährlichen Convivium eines ehrbaren Rates - wie üblich zum Anfang eines neuen Geschäftsjahres, gebe ich das Festmahl zu Mathiae frei.
	Heute sollte unser lübbischer Amtsbruder Peter von Levtow zu uns sprechen. Er erkrankte - wie wir erfuhren. So hat er seinen Vertreter zu uns entsandt, den lübbischen Ratsherren Wolf von Burgen.

Beifall.

Schocke: Ich bitte Sie nun, Herr von Burgen, zu Ihrer Rede.

Störtebeker: *(erhebt sich. Er hat sich verkleidet und eine Perücke aufgesetzt. Er ist zunächst nicht erkennbar.)*
Herr Bürgermeister.
Hoher Rat der Hansestadt Hamburg.
Sie haben mich zugelassen - zu dieser, wie ich glaube, heute ganz besonderen Feier. Es wird erzählt, die Herren von Hamburg halten die Augen auf und sehen die Welt. Ich habe auf meinem Weg hierher Bauern getroffen mit blutigen Füßen - denn sie liefen und liefen, um die Hungermäuler ihrer Kinder stopfen zu können - und sie liefen weit für ein Stück Brot, eine Rübe oder eine Handvoll Dinkel - denn es war eine schwere Missernte und niemand wollte sie ernähren.
Ihre Weiber haben sich die Haare abgeschnitten - für die Perücken der hohen Damen. Ich weiß von Männern, die ihre Frauen verkauft haben und ihre Töchter für eine Handvoll Weizen...

Unruhe.
Unruhe. Fast Aufruhr.

Stimmen: *(durcheinander)* Unerhört. Schluss. Aufhören.
Was soll das verbieten, Sie ihm das Wort, Bürgermeister!

Störtebeker: *(darüber hinweg)* Aufhören? Warum? Könnt ihr es nicht

Störtebeker: ertragen - einen Augenblick lang der Wahrheit, der Armut ins Angesicht zu sehen?

Aufruhr.

Stimmen: *(durcheinander)* Das ist unerhört. Aufhören. Schluss endlich! Schluss! Schluss! Wer ist dieser Mann?

Schocke: *(zu Störtebeker)* Ich bitte Sie - Es ist absolut unüblich - Reden wie diese an einem Festtage hier zu halten. Ich muss Sie bitten -

Störtebeker: Bittet nicht. Ich werde sagen, was ich zu sagen habe.

Stimmen: *(durcheinander)* Kann denn niemand hier für Ordnung sorgen. Ich bleibe nicht länger. Das ist unerträglich. Aus. Schluss jetzt!

Störtebeker: *(darüber hinweg)*. Eure Lager sind gut gefüllt - Eure Säckel sind prall - Versöhnt den Herrgott mit Eurem Reichtum - Legt eine Hand unter die blutigen Füße Eurer Brüder!

Stimmen: *(durcheinander - wie üblich)* Schluss. Aufhören. Unerhört. Aus! *(usw.)*

Störtebeker: Ich bin schon am Ende. Und vergesst nicht, was ich gesagt habe. Ich habe versprochen, dem Rat einen Besuch zu machen - und Störtebeker hält immer sein Wort!
(reißt sich die Perücke und den Amtsmantel herunter)

Großer Aufruhr.

Stimmen: Störtebeker!

Schocke: Ruhe! Ruhe. Ich bitte um Ruhe! Störtebeker - gib Dich gefangen. Stelle Dich - Dann kannst Du reden - vor Deinem Richter.

Einige ziehen ihre Schwerter.

Ratsherren
und andere: *(durcheinander)* Dich kriegen wir - Dich nageln wir an Ratstüre. Störtebeker - Tod dem Störtebeker!!

Störtebeker: Lasst Eure Eisen stecken, wenn Ihr es gut mit Euch meint. Schont Euer Leben -
Hier habt Ihr Euren Herrn von Levtow -

Levtow: Man hat mich gefangen gesetzt und schändlich behandelt. Zwei Tage bei Wasser und Brot, in Eiseskälte.

Störtebeker: Ich habe ihn etwas auf Eis gelegt, um Euch, Ihr hohen Herren, meine Aufwartung machen zu können.

Großer Lärm.

Schocke: Bitte nehmen Sie wieder Platz, meine Herren -
Aber Herr von Levtow, so beruhigen Sie sich doch.

Levtow: Zwei Tage bei Wasser und Brot. Das mir, man stelle sich vor. Schändlich, einfach schändlich!

Schocke: Was ist geschehen? Nichts. Überhaupt nichts, verehrte

Schocke:	Damen und Herren. Zum alljährlichen Convivium des ehrbaren Rates - wie üblich zum Anfang eines neuen Geschäftsjahres - -

Tanzen und Singen auf dem Schiff Störtebekers decken die Rede zu. Die Damen und Herren des Festaktes stehen auf und gehen ab.

12. Bild

Lautes Tanzen und Singen.

Musik

Shanty (Piraten)

Stichwort Schocke: ...eines neuen Geschäftsjahres...

Pirat 1:	Wir haben die Welt auf den Haken bekommen, Im Namen der Herren uns alles genommen.
Alle:	Das soll wohl so sein! Das soll wohl so sein!
Pirat 2:	Wir haben uns're Flagge am Maste gehisst, Da hat sich der Däne ins Hemd gepisst.
Alle:	Das soll wohl so sein! Das soll wohl so sein!

Pirat 3:	Der Seewolf schlägt seine Zähne ins Blut,
	Und nimmt den Kaufleuten Ware und Gut.
Alle:	Das soll wohl so sein!
	Das soll wohl so sein!
Pirat 1:	Da schreien sie auf, weil wir schneller sind.
	Das macht Störtebeker, bei gutem Wind.
Alle:	Das soll wohl so sein!
	Das soll wohl so sein!
Pirat 2:	Wir leben und lieben, wie Gott es gewollt,
	Auch wenn die schwarze Margarete greint und grollt.
Alle:	Das soll wohl so sein!
	Das soll wohl so sein!
Pirat 3:	Wir haben die Welt auf den Haken genommen,
	Und sind dabei auf den Hund gekommen.
Alle:	Das soll wohl so sein!
	Das soll wohl so sein!
	Das soll wohl so sein!

(Unterbrechung durch Gödecke)

Gödecke: Halt! Halt! Hört mir zu.

Das Tanzen, die Musik hört auf. Die Mannschaften scharen sich um Gödecke und Störtebeker.

Gödecke: Lieber Klaas, bevor ich Dir danke für diese Geburtstagseinladung. Unser nächstes Ziel ist also die Norwegenhafenstadt der schwarzen Margarete - Bergen.

Alle: Bergen! Bergen! Bergen!

Störtebeker: Es bleibt uns keine Wahl. Herzog Johann hat uns hier in den schwedischen Schären vergessen.

Gödecke: Das Bier geht zu Ende -

Heulen der Mannschaft.

Gödecke: Das Brot fault - und an Land lässt sich nichts mehr requirieren.

Störtebeker: Ja. Der Herzog führt zwar Krieg gegen Margarete und wirft unsere Schiffe den Dänen vor die Segel, aber wenn es ihm passt - lässt er uns links liegen.

Gödecke: Johann hat schon einmal versucht sich Bergen zu holen. Holen wir es uns jetzt.

Alle: Bergen! Bergen! Bergen!

Störtebeker: Es ist ein regulärer Kriegsakt -

Gödecke: Und er füllt uns wieder auf - *(Gelächter)* Nun zu Dir - Klaas Störtebeker. Dich muss der Teufel auf dem Weg zur Hölle verloren haben - aber mich - knapp daneben. *(Gelächter)* Leben sollst Du - und reiche Beute - und immer eine glückliche Bugwelle - *(Beifall)*

Gödecke:	Was meinst Du dazu, wenn man Dir die schwarze Margarete zum Geburtstag schenken würde?
Störtebeker:	Nur zu. Reich sie mir her. Aber ich wette - sie wird nicht kommen.
Gödecke:	*(lacht)* Hohoho - Wieso? Dir fehlt es doch sonst nicht an Fantasie.
Störtebeker:	*(lacht, trinkt)* Dann her mit ihr - wenn Du zaubern kannst, Gödecke.
Gödecke:	Du sollst sie haben. Komm her Du!
Narr:	Ich?
Gödecke:	Ja. Dich machen wir zur Königin.
Wigbold:	Das gibt einen Spaß.

Gelächter. Trinken.

Gödecke:	Zwei Reichsäpfel.
Störtebeker:	Bis jetzt sehe ich nur eine ungefähre Ähnlichkeit.
Gödecke:	Wart's ab. Sie braucht nur eine Krone und Du wirst sie erkennen. So! Und nun noch das Brokatkleid. *(bindet Rock um den Narren)* Na - was sagst Du nun?
Störtebeker:	*(steht auf, verneigt sich übertrieben)* Willkommen an Bord, Majestät! Bitte untertänigst: Schenkt mir königlichen Wind unter meine Segel!

Furzgeräusche der Mannschaft

Gödecke: *(neigt sich der Königin zu)* Wie meinten Eure Majestät? Oh, Oh - das ist der Majestätsgipfel!
(wendet sich Störtebeker zu) Sie wünscht sich, Eure Windbraut zu werden, Kapitän.

Störtebeker: Euer Wunsch - ist mir Befehl.

Störtebeker: Also auf zum Hochzeitstanz.

Musik

Margarete, Margarete (Gödecke und Ensemble)

Gödecke: Margarete, Margarete,
Bist die Schönste auf der Fete,
Lippen rot wie Rote Bete;
Komm' ich flüst're Dir ins Ohr -
Margarett, Margarett,
Du bist die Schönste im Ballett.
Ein kleines Pas-de-deux wär' nett,
Oder hast Du sonst was vor?

Margarett, Margarett,
Ich hab' Dich satt, von A bis Zett.
Du machst den Braten auch nicht fett,
Plötzlich ist mir angst und bang.
Margarete, Margarete,

Hör' noch einmal meine Flöte,
Denn es kommt die Morgenröte,
Und ich lebe nicht mehr lang.

Piraten: Ein Hoch auf Dänemarks Königin!
Schöne Gottesanbeterin!
Erst nennt sie Dich 'nen Hengst, und tanzt mit Dir
Gavotte,
Doch bei Sonnenuntergang hängst Du unter dem
Schafott.
Männer, gebt acht, und geht nicht hin,
In die Höhle der schönen, schwarzen Männermörderin!

Gödecke: Und nun, Klaas, darf ich Dir Deine Windsbraut zuführen.
(zu Wigbold) Walte Deines Amtes hoher Priester.

Wigbold tritt vor, legt sich einen Mantel um.

Wigbold: Ich frage Euch - ob ihr es nun endlich zusammen und
nicht mehr gegeneinander treiben wollt? So sage:
„Ja, ich will es".

Narr: *(mit verstellter Stimme)* Ja. Ich will es.

Wigbold: *(zu Störtebeker)* Willst Du diese windige Majestät - unter
Deine Segel lassen - bis dass die Flaute euch scheidet.
So sage: „Ja. Ich will es."

Störtebeker: Ja. Ich will es.

Wigbold: So erkläre ich Euch für windvereint.

Narr:	*(verstellte Stimme)* Oh - mein Pirat - mein Bräutigam. *(schnüffelt)* Du riechst nach Tang und Muscheln - oh - Deine Muskeln. Ich bin ja nur eine schwache Frau -
Störtebeker:	Und ich bin ein ungehobelter Geselle, aber vor Euch soll nur die Sanftheit regieren.
Narr:	*(verstellte Stimme)* Nein. Um Himmelswillen. Ich liebe Stürme.
Störtebeker:	Ich auch - Also, mit vollen Segeln also - voraus!! *(reißt den Narren in seine Arme)*
Piraten:	Bergen! Bergen! Bergen!
Narr:	Bergen - die Stadt gehört der schwarzen Margarete, Sie will sie zu ihrem wichtigsten Versorgungshafen ausbauen. Bergen zu zerstören - das wäre ein schwerer Schlag für sie. Und so gab der Herzog den Piraten Order, Bergen zu schleifen.

Auf dem Schiff Störtebekers. An einem Kartentisch sitzen Störtebeker, Gödecke, Wigbold und Syker. Wigbold hantiert mit Seekarten und Aufzeichnungen.

Wigbold:	Wer Bergen nehmen will - darf nichts dem Zufall überlassen.
Gödecke:	Und es wird sich lohnen. Die Stadt ist voll von Gold und Leuten, die ein gutes Lösegeld versprechen.

Störtebeker: Gut. Aber wie kriegen wir acht Schiffe ungesehen an die norwegische Küste.

Syker: Ich kenne das Revier. Ich bin früher für die Norweger gefahren. Wenn wir erst an Skagens Huk vorbei sind, brauchen wir nur noch Kurs nach Nordwest zu halten.

Gödecke: Haltet ein paar Dänenflaggen parat. Wer vermutet schon seinen Feind unter eigener Flagge. *(lacht)*

Störtebeker: Es ist ein Wagnis - Sie sollen gut gerüstet sein.

Wigbold: Ich habe mich umgehört. Wir können Bergen für uns aufschließen. Etwas Glück gehört natürlich dazu.

Störtebeker: Der Klabautermann ist mir noch etwas schuldig. Er hat´s mir versprochen.

Gödecke: Sag so was nicht. *(bekreuzigt sich)*

Wigbold: Gefährlich für uns kann die Feste Bergenhus werden. Sie liegt hier - auf dem Felsen - backbord. *(Alle blicken auf die Karte)* Da müssen wir durch. Mit Lübecker Doppeladler.

Störtebeker: Wenn es noch nicht ganz Tag ist - da geht es leicht.

Wigbold: Erst bei unserer Flucht haben wir die Kanonen von der Burg zu fürchten. Aber Bergen wird brennen und der Rauch wird und einhüllen. Dann wissen sie nicht, wohin Sie mit ihren Steinkugeln zielen. Hier liegt das Hansekontor - an der deutschen Brücke.

Wigbold:	Der Turm der Marienkirche zeigt euch den Weg dahin.
Gödecke:	Das klingt gut, Klaas. Was meinst Du?
Störtebeker:	Weiter, Magister.
Wigbold:	Vor den Hansekontoren liegen zwanzig Gaarden - dicht an dicht - jeder Gaard wird nachts durch Holztore verschlossen. Wir müssen also mit Leitern darüber und sie im Schlaf überraschen. Alles andere ist eure Sache.
Störtebeker:	Ja. Wir müssen Feuer legen. Das wird Verwirrung stiften und uns verbergen. Das ist richtig.
Syker:	Da muss es Geldtruhen geben.
Gödecke:	Nehmt nur das Wertvollste. Pelze, Teppiche, Lederwaren und natürlich das Metall.
Wigbold:	Und vergesst den Wein nicht - sie sollen hier ganz besonders guten gelagert haben. *(Lachen)*
Syker:	Den vergessen wir bestimmt nicht.
Störtebeker:	Und - wie abgemacht. Kein Wort darüber. Wir sagen den Besatzungen das, was Syker vorgeschlagen hat. Das klingt einigermaßen glaubhaft.

Sie gehen in die Kajüte.

Kanonendonner, Flammen blitzen auf - der Horizont färbt sich rot. Der Narr ist in die Wanten geklettert. Er blickt nach allen Seiten aus.

Narr:	Es läuft alles wie vorgesehen. Sie sind im Hafen - und sie haben die Gaarden überwunden.

Narr: Es läuft alles wie vorgesehen. Sie sind im Hafen - und sie haben die Gaarden überwunden.
Die ersten Brände flammen auf - da rücken die Haufen von Störtebeker und Michel in die Straßen ein.
Im Süden kreuzen sie jetzt die Schwerter - die Bergener haben keine Chance. Aber sie wehren sich verzweifelt.
Im Osten geben sie schon auf. Die Stadt brennt jetzt lichterloh - die Bürger fliehen - es ist die Hölle -
Die Kanonen schießen pausenlos - aber sie finden im Rauch ihre Ziele nicht -
Die ersten Leute von Störtebeker und Michel kommen jetzt an Bord zurück - beladen mit Beute.
Noch immer wird in der Stadtmitte gekämpft -

Trompeten und Trommelsignale

Die Trompetensignale rufen die Männer Störtebekers und Michels zur Rückkehr auf.
Die ersten Segel werden gesetzt - die Anker sind gelichtet.
Sie nehmen Fahrt auf - Ihr Plan ist gelungen - und ich brauche einen Schnaps. Alle, Scheiße.

Glockengeläute

Noch Trompeten und Trommeln

13. Bild

Gödecke und Störtebeker sitzen sich an Deck des Michel-Schiffes gegenüber. Neben Störtebeker stehen Wigbold und Syker - neben Michel zwei seine Leute.

Gödecke: Du teilst ungerecht mit mir. Fünfzig zu fünfzig für jeden von uns - für alles, was wir aus Bergen haben.

Störtebeker: Nein. Kein Wort darüber ist mehr zu sagen.

Gödecke: Das sind Dreiviertel für mich - ein Viertel für Dich. Warum?

Störtebeker: Gib Dir selbst die Antwort.

Gödecke: Ich glaube - ich kenne sie. Soll ich nun zu Dir sagen „Heiliger Mann"? *(lacht dröhnend und mit ihm seine Männer)*

Störtebeker: Deine Beute. Sie gefällt mir nicht. Und nenne mich wie Du willst.

Gödecke: Wer nimmt, ohne zu bitten, braucht keine Manieren.

Störtebeker: Ihr habt Kirchen ausgeraubt, die Altäre geplündert.

Gödecke: *(höhnisch)* Willst Du für den Papst sparen?

Störtebeker: Den Bürgern habt ihr den letzten Gulden genommen. Und keiner hat gefragt, was aus diesen armen Schweinen wird.

Gödecke:	(höhnisch) Ich weiß. Wir sind Soldaten des Herzogs
Gödecke:	und haben eine Mission - Den Teufel auch! Zum Nehmen weht uns der Wind. Dazu sind wir ausgefahren. Das ist die Wahrheit, Klaas Störtebeker und sonst nichts.
Störtebeker:	Wenn wir nichts weiter wären als eine Räuberbande -
Gödecke:	- mit amtlicher Erlaubnis. Vergiss das nicht.
Störtebeker:	Nein. So einfach - so einfach dürfen wir es uns nicht machen.
Gödecke:	Ja. Wir haben eine Mission - diese hier! *(klopft auf seine Taschen)* - und die heißt: Nieder mit den hohlen Taschen. Und Du bist nicht anders - und auch die nicht auf Deinen Deckplanken. Die Wahrheit ist, Störtebeker - Gold und Gewalt gehören zusammen. *(Zu den Leuten im Hintergrund)* Bringt den Bootsmann her. *(zu Störtebeker)* Jetzt wirst Du es sehen, wohin Dich Deine Heilsparolen führen. Du Likedeeler. *(Lacht dröhnend)*
Wigbold:	(zu Störtebeker) Gehen wir. Das ist keine gute Stunde.
Störtebeker:	Es ist die Stunde, die einmal kommen musste.
Gödecke:	Du sagst es.

Der Bootsmann wird gebracht, seine Hände sind gebunden.

Gödecke:	Bring Deine Botschaft noch einmal vor, die Du „Im Namen der ganzen Mannschaft" sagen solltest.

Bootsmann:	Kapitän - das war doch nur so im Suff.
	Kapitän, wir wollten Dich fragen - ob Du nicht auch
	wie dieser Störtebeker - mit uns - ob Du ein Likedeeler
	werden könntest für uns und alle -
	aber es war nicht die Wahrheit, bestimmt nicht -
	ich wusste gar nicht - was ich da so losließ - im Suff.
Gödecke:	Das ist Dein Werk, Störtebeker. *(zum Bootsmann)*
	Du solltest keinen Schnaps saufen sondern Wasser.
	Dazu will ich Dir Gelegenheit geben.
	(packt ihn und wirft ihn über Bord)

Syker und Wigbold wollen eingreifen.

Störtebeker:	Nein. Lasst ihn - Das ist sein Schiff.
	Er ist hier der Kapitän.
Gödecke:	Wie gut, dass Du Dich darauf besinnst. Du wiegelst
	meine Leute auf - sie fangen schon an zu denken
	wie Du, Likedeeler: Ein System für Schwächlinge -
Wigbold:	*(zu Störtebeker)* Ich werde -
Gödecke:	Ja? Was?
Störtebeker:	*(zu Wigbold)* Lass ihn. Es muss gesagt werden.
Gödecke:	Das muss es. Gleiche Teile für alle? Nein. Dem Kühnsten,
	dem Mutigsten gehört der größte Anteil. So will es die
	Natur, Störtebeker.
Störtebeker:	Du hast Deine Ohren verschlossen, um mir nicht zuhören

Störtebeker:	zu müssen. Du hast Angst - dass Du verstehst, was da ist über allem. Vor den Augen und den Ohren selber -
Gödecke:	Mich kriegst Du nicht ran. Ich habe sie in den Wind gestreut, Deine schönen Worte - ich habe nämlich meine Augen aufgemacht - und die Welt die ich da sah, die war anders als Deine. Nein - nein - Ich hätte Dir von Anfang an misstrauen sollen.
Störtebeker:	Es liegt nicht jedem, sich die Wände mit flandrischer Seide zu bespannen.
Gödecke:	*(lacht)* Warum nicht? Wenn so viele Schiffe für Nachschub sorgen? Aber ich habe Dich erkannt, Störtebeker. Du willst meine Leute. Du willst meine Schiffe. Du willst Herr sein über alle und alles. Du willst mich ausbooten.
Störtebeker:	Du hast Deinen Anteil. Ich habe meinen. Aber ab hier trennen sich unsere Wege. Auf Nimmerwiedersehen, Gödecke Michel. Falls wir uns in der Hölle wiedersehen - Setz Dich nicht neben mich!

Sie gehen ab.

14. Bild

Der Bürgermeister Schocke, die hohen Hamburger Ratsherren.

Lange: Ich muss Sie sprechen, bald. Mir wurde soeben gemeldet, dass in der Westsee Piraten ausgemacht wurden - Das riecht nach Störtebeker.

Schocke: Mir wurde berichtet, sie treiben ihr Unwesen noch immer in der Ostsee.

Ein Hamburger Handelsherr eilt herein, er rennt fast.
Er tritt vor den Bürgermeister.

Ratsherr: Gödecke Michel ist in der Westsee. Er ist in die Mündung der Elbe eingedrungen. Er hat....

Schocke: *(steht auf)* Wenn es so ist -

Unruhe.

Schocke: Ich bitte die Herren zu einer geheimen Lagebesprechung.

Bürgermeister mit den Ratsherren ab.

15. Bild

Musik Übergang

Der Ostfriesengraf Keno ten Broken sitzt mit seiner Tochter Occa und Störtebeker an einem Tisch.

Störtebeker: Also dann - Prost Keno ten Broken.

Keno: Und ein Willkommen hier. Euch hätte ich hier jetzt nicht erwartet.
Störtebeker - Du kennst wenig von mir, aber ich habe schon viel über Dich gehört.
Ich bewundere Dich, Störtebeker - vor allem aber meine Tochter Occa. Und die fängt nicht so leicht Feuer, aber wenn es einmal so weit ist -

Occa: Ich bitt Euch, Vater -

Keno: Ja, ja - schon gut. Ich habe mir etwas überlegt.
Wir Friesengrafen von der Westsee - wir haben ewig Händel mit den Holländern. Und gerade jetzt geht es wieder los, Krieg liegt in der Luft.
Ein Störtebeker wäre mir da recht. Hier in meinem Marienhafen habt ihr sicheren Schutz und das nicht nur im Winter. Nun - was denkst Du darüber?

Störtebeker: Das klingt gut. Aber im Augenblick -

Keno: Ich weiß - im Augenblick - spannen sich Eure Segel noch für Herzog Johann. Glaubst Du an Treue?

Störtebeker: *(lacht)* Nicht bei ihm - wenn Du das meinst. Aber Johann und ich wissen beide, was wir füreinander sind.

Keno: Wir beide wären Partner. Das macht den Unterschied, Störtebeker. Wir von der Westsee haben oft am

Keno:	Kaminfeuer von einem Friesenreich geträumt. Wir könnten ein neues Land werden. Dazu wäre eine Flotte nötig, und die ist schon gefunden. *(schlägt Störtebeker auf die Schulter)* Wie ich gehört habe, bist Du nach Hamburg eingeladen. Ich auch. Bis dahin sollte Zeit zum Überlegen sein.
Störtebeker:	Ja. Merkwürdig - Die Hamburger scheinen sich besonnen zu haben. Sie wollen nun doch ein Gespräch. Ob daraus Verhandlungen werden - warten wir es ab.
Keno:	Lass es Dir durch den Kopf gehen. Nur - Du solltest es aus meinem Mund hören. Und was ich sage - das sage ich mit Herz und Hand.
Störtebeker:	Ich kenne Deinen Ruf - ich weiß, Du meinst was Du sagst. *(reicht ihm die Hand)*

Keno nimmt seine Hand, drückt sie.

Keno:	Darf ich Dich einen Augenblick mit meiner Tochter allein lassen?
Occa:	Bitte, Vater - das geht doch nicht. Er ist ein Fremder. Bitte!
Keno:	Na, na - er wird schon nicht beißen. *(zwinkert ihm zu, geht ab)*

Eine Pause. Störtebeker amüsiert sich offensichtlich über die Situation. Er lächelt ihr zu.

Störtebeker: Occa - ein schöner Name. Ich höre ihn zum ersten Male.

Occa: *(schlägt die Augen nieder, antwortet mit leiser Stimme)* Es ist der Vorname meiner Ahnfrau.

Störtebeker: Ihr seid ein schönes Mädchen.

Occa: Nein - bitte - *(völlig verwirrt)* Sagt so etwas nicht. Ich - bin das nicht gewöhnt - Komplimente - und wir sind allein -

Störtebeker: Ja, allein.

Occa: Komplimente von einem Herren -

Störtebeker: Ich kann Euch beruhigen - Ich bin kein Herr. Zum Wohle, schönes Fräulein Occa. *(hält ihr den Humpen hin)*

Occa: Oh, ja - Danke. *(setzt an, trinkt in einem Zuge aus)*

Störtebeker: Donnerwetter. Ihr habt einen Zug - wie ein Kerl, glücklicherweise seid ihr keiner. Ja - und darüber freue ich mich - edle Jungfer Occa - Occa - *(lässt den Namen auf der Zunge zergehen, reicht ihr ein Tuch)*

Occa: *(wischt sich den Mund ab)* Ihr macht mich ganz verlegen - was soll ich darauf sagen - Ich -

Störtebeker: Nichts, Occa - nichts.

Occa: Ich habe mich immer fern gehalten von so - so nahen Dingen.

Störtebeker: Einen Tanz wenn es gefällig ist? *(Tritt vor sie hin, verbeugt sich, summt eine Melodie, bewegt sich im Tanze)*

Occa: Nein - keinesfalls - Ich bitte - das geht doch nicht - *(steht auf, tiefer Knicks, ein paar gemeinsame Tanzschritte, dann wirft sie sich plötzlich in seine Arme und küsst ihn leidenschaftlich)* Mein Vater! *(setzt sich, ganz braves Mädchen, wieder hin)*

Störtebeker: Ausgerechnet! Ich muss weiter.
Schade - Ich hätte gern noch Zeit für Dich gehabt.

Keno: Überlege es Dir Störtebeker, und besuch uns bald. Eine Heimat hast Du immer bei uns.
(Händeschütteln, tiefer Knicks von Occa, Blick gesenkt, ganz verschämtes Mädchen)

Keno ab, Störtebeker scheint abzugehen und versteckt sich. Occa glaubt sich allein.

Musik

Schau mich an (Occa)

Occa: Du sagst mir nicht, warum Du geh'n musst.
Ich weiß auch nicht, wohin Du fährst
Daß ich Dich liebe, hast Du nicht gewusst.
Du könntest hier was lernen,

Occa: Wenn Du nicht so rastlos wärst.

Schau mich an,
Schau mich einmal richtig an,
Und sag' mir was Du siehst.
Siehst Du das Mädchen nur, von nebenan?
Ein reiches Fräulein, ein verwöhntes Biest?

Bleib' doch dran.
Bleib' doch einmal wirklich dran,
Wir werden uns versteh'n.
Sag' mir, was die And'ren haben - ich biete mehr.
Du wirst mich so begehren, wie ich Dich begehr'

Schau mich an,
Schau mich einmal richtig an,
Und endlich wirst Du seh'n.
Lass' mich einmal zeigen, was ich kann
Schau mich an.

Ich kann zaubern, ich kann fliegen.
Ich schenk' Dir Sterne in der Nacht.
Ich kann Sturm und See besiegen,
Von der Sonne hab' ich Feuer für Dich mitgebracht.

SAXOPHON SOLO

Mann, bleib' doch steh'n !
Bleib' doch einfach einmal steh'n,
Und rede mal mit mir.

Occa: Warum musst Du denn immer sofort wieder geh'n?
Das, was Du gesucht hast, steht direkt vor Dir!

Bleib' doch da.
Bleib' noch eine Stunde da,
Und endlich wirst Du seh'n
Alles, was Du haben möchtest, findest Du bei mir.
Alles, was Du finden wolltest - das hast Du hier.
Alles, was Dich glücklich macht es liegt so nah -
Ich bin da
Schau mich an!

Occa ab

Wigbold: *(tritt ein, blickt Occa nach)* Ich glaube - sie sieht nur so aus. Wenn mich nicht alles täuscht: Ein Vulkan unter Eis.

Störtebeker: Und was für einer.

Wigbold: Die schwarze Margarete wird wieder aktiv.

Störtebeker: Was will sie?

Wigbold: Dich.

Störtebeker: Das weiß ich.

Wigbold: Diesmal höflich und mit schönen Worten verzuckert. Sie lädt Dich zu einem Besuch ein.

Störtebeker: Wahrhaftig?

Wigbold: Ja.

Störtebeker: Ich nehme die Einladung an.

Wigbold: Das ist eine Falle!

Störtebeker: Ja. Es ist eine Falle. Aber wir wissen es und können uns uns darauf einstellen.

Wigbold: *(zuckt mit den Schultern)* Ich habe Dich gewarnt. Aber es ist Deine Entscheidung.

Störtebeker: Ja. Das ist es.

Musik

Nimmer komm' ich an (Störtebeker)

Störtebeker: Wasser, Wind und Wellengang
Treiben mich umher
So geht das mein Leben lang
Sonne, Sturm und Mehr.
Ich muß aus dem Hafen 'raus,
Weg vom Labyrinth
Auf die weite See hinaus,
Jagen mit dem Wind.
Stärker als die Stürme noch
Treibt mich das Herz voran
Immer muss ich suchen, doch -
Nimmer, nimmer komm' ich an.

Störtebeker: Nimmer hielt die Liebe mich
Lang an einem Ort.
Als der zweite Tag verstrich
Musste ich schon fort.
Auf zum nächsten Horizont,
Eh' der Tag anbricht
Anders hab' ich's nie gekonnt
Anders will ich's nicht.
Stärker als die Liebe noch
Zieht das Meer mich an-
Immer muss ich fahren, doch -
Nimmer, nimmer komm' ich an.

16. Bild

Ein großer Raum in einem Schloss der Königin Margarete.
Die Bühne ist durch eine Wand getrennt. Die Trennungswand
entspricht in etwa dem Gitter an Beichtstühlen. Nur von einer Seite
einsehbar. Bühne halbhell.

Margarete auf der rechten Seite der Wand - sie kann den linken Raum
einsehen. Sie sitzt auf einem Stuhl. Unbeweglich.

Auf der linken Bühne wird Störtebeker von einem Diener
hereingeführt.

Der Raum ist leer.

Störtebeker: *(zum Diener)* Wo ist sie?

Diener macht ein Zeichen, dass er schweigen soll. Geht ab.
Margarete und Störtebeker - durch die Wand getrennt. Beide warten
eine zeitlang stumm.

Margarete: *(nach einer langen Pause)* Klaas Störtebeker.

Störtebeker: Warum kann ich Euch nicht von Angesicht zu Angesicht
sehen?

Margarete: Weil ich es nicht will.

Störtebeker: Wenn das ein Spiel sein soll - so erklärt mir die Regeln.

Margarete: Mein Bergen Du hast es verbrannt - zerstört.
Mein Herz hängt an dieser Stadt.
Wie kamst Du ungesehen in den Hafen?

Störtebeker: Das wollt ihr wirklich hören?

Margarete: Ich wollte gern hören - wie es aus Deinem Munde klingt -
Ja, und noch eines will ich wissen. Wie hast Du mich vor
Stockholm auf dem Eise besiegt? Rede!

Störtebeker: Vor Stockholm liefen Eure Soldaten schneller als sie
ihre Füße tragen konnten. Es war ein Schauspiel
sondergleichen.

Margarete: Sie laufen alle, wenn der Tod anrückt.

Störtebeker: *(Pause)* Und nun Eure Botschaft.

Margarete:	Dein Tod ist Dir nahe, Störtebeker Klaas. Hast Du Angst?
Störtebeker:	Die schwarze Margarete - mein Todesengel?
Margarete:	Ich habe Dich hier erwartet, Störtebeker. Lange schon. *(spöttisch)* Gottes und aller Welt Feind. Ich habe in Kopenhagen einen Galgen für Dich aufstellen lassen.
Störtebeker:	Wie nett von Euch. Ihr habt mir große Aufmerksamkeit geschenkt. Eure Sendboten hätten mich einmal fast geschnappt.
Margarete:	*(hart)* Dafür haben wir Dich jetzt!

Sofort dringen Bewaffnete in den Bühnenraum ein. Jetzt erscheinen aber auch Bewaffnete Störtebekers - Wigbold unter ihnen.

Großes Gefecht.

Rufe:	*(durcheinander)* Ergib Dich! Wirf das Schwert weg! Du bist unser Gefangener usw.
Störtebeker:	*(lacht)* Hier habt ihr meine Antwort! *(fechten)*
Wigbold:	*(ruft)* Hier sind wir! Der Weg ist offen!
Störtebeker:	*(ficht sich frei)* Aus dem Weg, ihr Tranaugen!

Er flieht mit seinen Bewaffneten. Die dänischen Bewaffneten ihnen nach. Margarete mit schnellen Schritten in den Raum.

Margarete:	*(zu einem Offizier)* Lasst ihn nicht entkommen! Die Schnellsegler sollen den Sund sperren. Schont sie nicht. Nur Störtebeker - den will ich lebendig!

Offizier rasch ab. Diener im Hintergrund.

Sobald das Pult steht, kniet Margarete nieder. Fackeln leuchten auf. Sie ist jetzt allein. So bleibt es eine Weile.

Plötzlich tritt Störtebeker lautlos ein. Er stellt sich hinter sie. Er hat das Schwert in der Hand. Er hält es ihr an die Kehle.

Störtebeker: Mit einem Gebet fängt man Störtebeker nicht.

Margarete: *(ohne sich zu rühren)* Du bist also entkommen.

Störtebeker: *(lächelt)* Ich bin gar nicht geflohen. Die Falle, Margarete - war zu offensichtlich. *(nimmt das Schwert von ihrer Kehle)* Du willst also meinen Hals.

Margarete: Ja. Ich will Deinen Hals - und nun bin ich wehrlos.

Störtebeker: *(lächelt)* Angst - schwarze Margarete? Die Frage hast Du mir vorhin gestellt.

Margarete: Nach meinem Leben haben schon viele gezielt. Das ist gewissermaßen - Berufsrisiko. *(lächelt)*

Störtebeker: Es wird immer erzählt: Margarete hat Mut für zwei Männer - und die Liebe von zehn Frauen.

Margarete: Für beides müsste wohl erst der Beweis erbracht werden.

Störtebeker: Ich zweifle an beidem nicht.

Margarete: Du bist zurückgekommen - das erstaunt mich.

Störtebeker: Weshalb?

Margarete: Ich bin umgeben von Soldaten. Du bist allein.

Störtebeker: Ich weiß, diesmal entkomme ich nur, wenn Du es willst.

Margarete: *(Pause)* Ich nahm an, dass Du nur einer der Draufschläger bist - ein Besonderer vielleicht. Aber - ich habe mich getäuscht. *(Pause)* Sogar einen gewissen Stil kann man Dir nicht absprechen.
Vielleicht ist Dein Hals wirklich zu schade für den Hanf.

Störtebeker: Wenn ich die Krone vergesse - Hermelin, Zepter und Thron - dann sehe ich eine Frau - schwarze Margarete.
Ich habe das so oft gehört - dieses „die schwarze Margarete" .
Und es war immer ein Ton dabei - wie, wenn von Besonderem - von Aufregendem die Rede war.
(Pause) Jetzt kann ich das verstehen - *(blickt sie an)*

Margarete: Du hast nicht viel Respekt vor mir und Du weißt nicht was Etikette heißt.

Störtebeker: Ist das so wichtig? Du wolltest mich um jeden Preis haben. Und mich überlief immer ein Schauder - wenn ich es hörte, „Die schwarze Margarete" Also bin ich gekommen.
Ich kannte den Einsatz. Hier mein Schwert. Töte mich, wenn Du es immer noch willst.

Margarete: *(nimmt sein Schwert, setzt die Spitze auf sein Herz)*

Störtebeker: Nun, stoß zu!

Margarete: *(wartet eine Weile, dann lässt sie das Schwert fallen)*

Störtebeker: *(steht auf, lacht)* Ich glaube, einer Frau wie Dir kann man verfallen.

Margarete: Das ist also Störtebeker. Erstaunlich - für mich. Ich bin nie einem Mann wie Dir begegnet -
Es ist eine gewisse Ähnlichkeit zwischen Dir und mir.
Lass - ich will es nicht erläutern. *(geht ein Stück von ihm weg)* In einigen Wochen werden wir Frieden schließen mit Mecklenburg. Nach dem Frieden seit ihr erledigt, Störtebeker - ihr alle.

Störtebeker: Es wird sich eine andere Hand finden, die uns füttert.

Margarete: Nicht so leicht - nicht so schnell. *(Pause)* Ich könnte nach dem Frieden einen Mann wie Dich brauchen.

Störtebeker: Gegen wen?

Margarete: *(hart)* Gegen Jedermann. *(kleine Pause)*
Es muss nur einigermaßen diskret geschehen.

Störtebeker: Ich werde es bedenken. *(tritt neben sie)*
Soll ich fort gehen?

Margarete: *(lächelt)* - nein.

Störtebeker: Es ist seit langem mein Traum - einmal das Morgenrot vor Deinen Fenstern aus zu sehen.

Umarmung. Langsam graut der Morgen. Störtebeker ist gegangen.

Musik

Mein Pirat (Margarete)

Margarete: Grau ist der Morgen,
Freudlos und leer.
Funkelnde Sterne,
Schweigendes Meer.
Kein Schiff, kein Segel da,
Keine Zeichen unten am Strand.
Nur Wind und Dünengras,
Und die Erinnerung an seine Hand
Wohin musst Du reisen?
Wo kamst Du her
Zwischen schweigenden Sternen
Und funkelndem Meer?
So schnell vorüber,
Und der graue Alltag naht.
Wann kommst Du wieder,
Mein Pirat?

Schön war das Leben,
Lustig und wild.
Ich nahm, was ich brauchte
Hab' meinen Hunger gestillt.
Plötzlich kommt einer,
Stellt sich einfach vor mich hin

Nimmt mich und küsst mich,
Bis ich nicht mehr weiß, wer ich bin.
Macht, was er möchte,
Flüstert und lacht.
Niemals werd' ich vergessen,
was passiert in dieser Nacht.

Brennende Sterne,
Tosendes Meer!
Salz im Gesicht
als die Brandung zerbricht,
und ich liebte ihn so sehr.
Und war's einmal nur im Leben,
So kannte ich das Glück.
Ich weiß. Er kommt nicht mehr zurück.
Nie zurück.

Heil ist der Morgen
Öde und leer.
Aus sind die Sterne,
Leblos das Meer.
So geht's vorüber.
Unaufhörlich dreht das Rad.
Du kommst nicht wieder.
Kommst nimmer wieder,
Mein Pirat.

17. Bild

Ein runder Tisch - eine Art von Rund - Theke. An diesem Tisch stehen Wigbold und Syker. Sie würfeln. Ein Schild zeigt eine Kneipe in Wisby, Gotland an: „Zu den vier Möwen".

Wirt:	Noch zwei Krüge Bier?
Syker:	Ja, aber große!
Wigbold:	Wo bleibt Klaas. Seit wir hier in Wisby liegen, ist er ungenießbar. *(würfelt)* Sechzehn.
Syker:	*(trinkt)* Er verträgt die Ruhe nicht. *(würfelt)* Achtzehn. Recht hat er.
Wigbold:	Ich habe ihm geraten abzuwarten - wie es weitergeht. In vier Wochen trifft sich die schwarze Margarete mit Johann, und auch die Hanse wird dabei sein. Das riecht nach Frieden. *(würfelt)* Einundzwanzig. Die Runde geht an mich.
Wirt:	Bitte sehr, zwei große Krüge Bier. Nehmt den Mund nicht so voll.
Syker:	Die Runde geht auf mich. Bevor es so weit kommt - sollten wir noch einmal so einen richtigen Schlag tun - so wie damals gegen Bergen. Bergen, Bergen!
Störtebeker:	Es geht uns zu gut hier. Die Kerle setzen Bäuche an, Wir brechen in den nächsten Tagen auf.

(Ein Krug Bier wird vor ihn hingesetzt)

Wirt: Ein Bier. Kein Schnaps. Den gibt es erst, wenn die Säufersonne scheint.

Störtebeker: Recht hast Du, Uwe.

Syker: Und wohin soll´s gehen?

Störtebeker: Die Westsee ruft. Dort ist jetzt das richtige Feld für uns. Wir gehen auf Fahrt!

Wigbold: Ich sage nur „Occa" *(würfelt)* Dreizehn.

Störtebeker: Was?

Wigbold: Die schöne Occa ruft.

Störtebeker: Ach das, ja - auch das.

Wigbold: Aber - wir sollten es nicht übereilen. Lass uns warten, Klaas. Dann haben die Verhandlungen in Falsterbo begonnen. Wir müssen erst wissen, wie sich das politische Wetter zeigt.
Du weißt - die schwarze Margarete ist unberechenbar.

Störtebeker: Lass uns darum würfeln.
Westsee für mich - Ostsee für Dich.

Wigbold: *(würfelt)* Einundzwanzig.

Störtebeker: (würfelt) Dreiundzwanzig.

Wigbold: Also gut. Fahren wir.

Störtebeker: Ja. Also auf zur Westsee - aber auf dem Wege machen wir noch einen Besuch bei der schwarzen Margarete.

Wigbold: Du bist verrückt.

Störtebeker: Da hast Du recht.

Im Abgehen hält Wigbold Störtebeker am Ärmel fest.

Wigbold: *(zu Störtebeker)* Ich habe es gesehen. Du hast gemogelt.

Störtebeker: Gewonnen ist gewonnen!

Wigbold: Und gemogelt ist gemogelt.

18. Bild

Fanfare

Margarete: Was versprichst Du Dir von diesem Treffen?

Johann: *(Pause)* Wollen wir nicht endlich ehrlich zur Sache sprechen?

Margarete: *(Lächelt)* Einverstanden, Vetter.

Johann: Deine Forderung für die Freilassung von Albrecht und seinem Sohn - Lösegeld von 60.000 Hanseschillingen. Das kannst selbst Du nicht ernst gemeint haben. Du wusstest, dass das nicht zu bezahlen ist.

Margarete: Das hast Du richtig erkannt. Ich brauche Stockholm.

Johann: Du gibst nicht auf -

Margarete:	Deine Idee, Stockholm zu verpfänden an vier Parteien für drei Jahre. Das musste scheitern.
Johann:	Ich habe das gestern mit den Herren von der Hanse diskutiert.
Margarete:	Ich wusste, dass ihr euch nicht zum Tanzen getroffen habt.
Johann:	Ich bin ein schlechter Tänzer, Stockholm wird von mir als Pfand an die Hanse ausgeliefert. Du gibst im Gegenzug Albrecht und seinen Sohn frei. Wenn wir uns darauf einigen könnten, könnten wir die Urkunden noch in diesem Monat austauschen.
Margarete:	Wer garantiert mir für die Hanse? Du hast mit ihnen verhandelt nicht ich.
Johann:	Wenn wir nicht endlich den Mut aufbringen, das Misstrauen abzubauen - dann kommen wir nie an ein Ziel. Also - was forderst Du als Sicherheit - außer, dass ich Dir mein Wort darauf gebe.
Margarete:	Ich glaube Dir sogar - einigermaßen wenigstens. Du bist mit Deinen Geldern am Ende und musst sehen, wie es mit Dir und Mecklenburg weiter geht.
Johann:	Da sind wir wohl in der gleichen Lage - und das gibt mir Hoffnung. Nun?
Margarete:	Auch ich werde mit den Herren der Hanse reden.

Margarete:	Und ich werde ein Druckmittel finden, sie an ihr Wort zu binden. Ich will mich nur absichern. Dein Vorschlag ist sehr interessant - wenn kein Hinterhalt dabei ist.
Johann:	Keiner. Ich gebe Dir meine Hand darauf.
Margarete:	*(lächelt)* Das ist eine schöne Geste - aber in der Politik - *(zuckt mit den Schultern)*
Johann:	*(lächelt - kleine Pause)* Es bleibt ein Problem: Die Piraten.
Margarete:	Ja. Wir müssen sie los werden.
Johann:	Und so schnell wie möglich.
Margarete:	In diesem Punkte sind wir uns hundertprozentig einig, lieber Vetter. Und nun Adieu.
Johann:	Wie Du sagst: Gott befohlen.

Sie gehen nach Kopfnicken ab.

19. Bild

Hochzeitsmusik

Übergang Hochzeitsmusik im Hause Keno, in Marienhafen an der Westsee.

Ein Hochzeitstanz.

Ein saalartiger Raum im Hause des Friesengrafen Keno ten Broken.

Die Hochzeitsfeier - Occa mit Störtebeker - ist in vollem Gange.
Viele Gäste; Occa in vollem Brautschmuck.

Die Musik geht zu Ende. Die Tanzenden setzen sich.

Keno: Ich hoffe, die Becher sind noch gefüllt. Doch nun zu Dir,
              Klaas Störtebeker - zu Dir, mein lieber Schwiegersohn.
              Eine Rede muss sein, auch wenn es weh tut. Du hast
              heute mein Schmuckstück, meine Occa, an Deine Seite
              gestellt. Dazu wünsche ich Dir Glück - sie ist nämlich ein
              harter Brocken, was Männer betrifft. *(Gelächter)*
              Du hast sie sofort im Sturm erobert. Ja - es ist - als ob sie
              immer schon auf Dich gewartet hätte. Vor allen Gästen
              will ich Dir wiederholen, was ich vorhin unter vier Augen
              sagte: Hier ist Dein Haus. Hier ist Dein Hafen. Hier sind
              Deine Freunde.

Beifall

Keno: Die Becher hoch, das Brautpaar es soll leben!

Stimmen: Hoch - hoch - soll es leben - hoch!!

Keno: Zeremonienmeister, bitte!

Narr: Meine sehr verehrten Gäste, liebes Brautpaar. Und nun
              ein Bilderbogen aus unseren fernöstlichen Kolonien.

Narr: Hein, hatten wir die damals schon?

Narr:	Keine Ahnung. Dann soll jetzt Bipa kommen. Bipa jetzt!
Syker:	Bipa ist auf'm Klo.
Narr:	Man, heut geht auch alles schief. Akrobaten! Dann ihr jetzt. Los, zeigt was und blamiert mich nicht.
Keno:	Danke, danke. Dieser Tanz gehört der Braut. Musik bitte!

Hochzeitsmusik

Musik setzt wieder ein. Störtebeker tanzt wild mit Occa.

Wigbold:	(ruft in diesen Tanz hinein, er ist sichtlich betrunken) Ich, ich möchte auch gratulieren - auf's herzlichste - und auf meine Art. *(steigt auf den Tisch)* Nun, Störtebeker - großer Seeheld, ist der Bauch gewachsen? Wie geht es dem Hafenspeck?
Keno:	Was ist denn mit dem los -

Tanz hat aufgehört.

Störtebeker:	Er ist besoffen - und warum auch nicht.
Wigbold:	Da hörte ich einmal einen Störtebeker sagen - Wir müssen aufbrechen. Die Ruhe bekommt den Kerlen nicht. War es so?
Störtebeker:	Ja. So war es. *(Er ist ganz ruhig)*
Keno:	So, es ist genug. Du hast Deinen Spaß gehabt. Du hältst die Feier auf.

Wigbold:	Das tue ich - Ja! Und das will ich auch! Wie viele Wochen liegen wir schon hier in diesem Hafen? Wie viele noch? Störtebeker! Und eine Ehe - Das ist zum Lachen. Du und eine Ehe - Das ist zum Lachen. Du hast die See vergessen und bald wird sie Dich vergessen haben.
Occa:	*(zu Störtebeker)* Er soll aufhören. Sofort! Schluss jetzt! Schluss!!
Wigbold:	Ihm - Deinem Schwiegervater hast Du die Scheunen gefüllt. Nun sitzt er im Speck - und auch Du. Aber Deine Leute laufen weg. Sie haben sich Frauen genommen, sind Bauern - wann wirst Du ein Bauer, Störtebeker?!
Störtebeker:	Wenn ich pflüge, dann pflüge ich das Meer. Und die Ernte war bis heute immer gut.
Wigbold:	Davon merken wir nichts mehr.
Occa:	*(zu ihrem Vater)* Wirf ihn raus, Vater!
Keno:	*(geht auf Wigbold zu, Störtebeker hält ihn auf)*
Störtebeker:	Lass ihn.
Wigbold:	Margarete ruft Dich. Sie hat einen ganzen Sack voller Aufträge für Kerle wie uns.
Störtebeker:	Man kann nicht zwei Herren dienen.
Wigbold:	Dann wird sie sich gegen Dich stellen. Wo ist Dein Schneid geblieben?! Wo? Ich suche ihn überall. Hat ihn vielleicht irgend einen irgendwo gefunden?

Wigbold:	Ja! Seht ihn euch an! Da steht er der große Seeheld, vor dem alle zittern. Ein Weiberheld!
Keno:	*(springt vor, reißt Wigbold vom Tisch)* Dir drücke ich die Gurgel zu - Du Schandmaul!
Störtebeker:	*(reißt Keno zurück)* Er soll es auskotzen.
Wigbold:	*(taumelt vom Boden hoch, schwankt)* Störtebeker - Spießbürger. Jetzt zittert er schon vor einem Weiberrock.
Occa:	Und das lässt Du Dir von dieser besoffenen Ratte bieten? *(rennt weg)*
Wigbold	Ja. Ich bin besoffen. Und ich habe nie einen besseren Grund dafür gehabt.

Störtebeker läuft Occa nach.

| Wigbold: | Da rennt er - der Held. Ich feiere auch. Ich feiere das Ende der freien Seefahrt - Hurra!! |

Störtebeker kommt allein zurück.

| Wigbold: | *(richtet sich auf, rutscht auf den Knien zu Störtebeker, fast weinend beschwörend)* Ein neues Reich sollte werden hier - ein freies Friesenreich. Ein Kreuz wollten wir aufrichten - ein Kreuz für alle freien Christen. Ein Reich ohne arm und reich. *(umfasst Störtebekers Knie)* Wo ist das? Wo ist das alles geblieben? |

Occa:.   *(kommt zurück)* Magister nennen sie Dich. Wer bist Du,
              dass Du es wagst mich und meinen Gemahl in unserem
              Hause zu beleidigen - ein heruntergekommener
              Studierter, ein armseliger Sprüchemacher, ein besoffenes
              Schwein!

Störtebeker: Habt ihr nicht gemerkt, dass er mich nur provozieren
              wollte - und ich verstehe ihn.
              (umfasst Occa) Du hast meine Liebe und mich. Das
              habe ich geschworen. Und so soll es bleiben.
              Und jetzt feiern wir alle.
              (zu Wigbold gewandt, hebt ihn auf)
              Und ab morgen, Magister:
              Bei meinem Schwert, morgen fahren wir wieder zur See.
              Aber jetzt, meine Occa, tanzt mit mir!

Hochzeitstanz

Allgemeiner Jubel - Tanz
Störtebeker tanzt mit dem besoffenen Wigbold.

20. Bild

An einem Tisch sitzen der Bürgermeister Schocke mit dem Ratsherren
Lange und Simon von Utrecht.

Eine Seekarte auf einer Staffelei.

Lange:	Und das ist verbürgt? Ich meine - können wir wirklich darauf trauen? Eine Meldung würde mir nicht reichen.
Schocke:	Es gibt mehr als eine und von verlässlichen Leuten.
Utrecht:	Störtebeker liegt also vor Helgoland - und verbleibt dort - vermutlich die nächste Woche.
Lange:	Eine Woche genügt uns.
Schocke:	Jetzt haben wir ihn.
Lange:	Diesmal muss er fallen!
Schocke:	Das wird er.
Utrecht:	Er ist ein Fuchs. Er könnte Wind bekommen von unserer Aktion,
Schocke:	Richtig. Wir müssen unser Auslaufen geheim halten.
Lange:	Drei Kriegskoggen liegen an der Elbmündung. Die lassen sich nachts unsichtbar machen.
Schocke:	Wir werden es genauso mit unseren Koggen hier in Hamburg machen. Außerdem lassen wir das Gerücht verbreiten, dass wir gen Dänemark fahren, um die Flotte der Margarete gegen die Piraten zu verstärken.
Utrecht:	Ein guter Einfall. Und mein Schiff die 'Bunte Kuh' kreuzt ohnehin nahe der dänischen Inseln. Ich kann jederzeit an Bord gehen.

Lange:	Nur wir drei dürfen davon wissen. Wie gehen wir taktisch vor?
Schocke:	Erfolg oder Misserfolg hängen davon ab, dass wir Helgoland ungesehen erreichen. Wenn wir Störtebeker nicht überraschen können, wird es schwer. Hier liegt Helgoland. Wir segeln getrennt - weit nach Norden. Sie, Ratsherr Lange, übernehmen das Kommando über ihre drei Koggen in der Elbmündung. Ich das über meine noch in Hamburg liegenden Schiffe. Sie, Simon von Utrecht, kommen uns mit der 'Bunten Kuh' zu Hilfe. Ihr Schiff kann den Ausschlag geben. Es ist das Stärkste.
Utrecht:	Ich gehöre zu Hamburg . Und so gehört auch mein Schwert dieser Stadt.
Schocke:	Ich freue mich darüber.
Lange:	Wir segeln also getrennt. Weshalb?
Schocke:	Sie legen sich an die Westseite der Insel und wir nähern uns der Insel vom Osten. Störtebeker liegt mit seinem 'Seewolf' an den Südklippen vor Anker.
Lange:	Wann greifen wir an?
Schocke:	Beim ersten Morgenlicht wird er in die Zange genommen.
Utrecht:	Wann greife ich ein?
Schocke:	Kurz vor Morgengrauen nehmen sie Kurs auf den

Schocke:	'Seewolf'. Störtebeker wird sie sehen, und das, Herr von Utrecht, ist ihre Zeit.
Utrecht:	Und die 'Bunte Kuh' ist zum Rammen gebaut. Sie wird sein Heck aufschneiden - als wäre sie ein Messer in warmer Butter.
Schocke:	Na, ganz so leicht wird es wohl nicht gehen -
Utrecht:	Was, wenn ich ihn verfehle?
Lange:	Er hat Recht. Störtebeker ist der geschickteste Seemann weit und breit. Wenn er uns ausmanövriert -
Schocke:	Das wird nicht geschehen.
Utrecht:	Was macht Sie so sicher?
Schocke:	Wir haben ein Mittel gefunden. Sein Ruder wird sich nicht bewegen. Es ist am Köker festgelötet.
Utrecht:	Wie denn das?
Schocke:	Wir haben einen Mann gefunden, der das besorgt hat. Ein ehemaliger Fischer.
Lange:	Störtebeker würde nie einen Fremden an Bord seines Schiffes lassen.
Schocke:	*(lächelt)* Er ist kein Fremder für ihn. Herr von Utrecht kennt ihn auch.Er hat ihn einmal zum Schiff der Margarete führen sollen.
Utrecht:	Wenn es dieser Fischer ist - Nein. Dieser Mann würde Störtebeker nie verraten. Er hat ihn reich beschenkt.

Schocke:	Das Gold brachte ihm Unglück. Die Herren von Rostock warfen ihn in den Kerker. Wir haben ihn dort herausgeholt.
Utrecht:	Ich glaube nicht, dass er es getan hat.
Schocke:	Ich bin sicher - Er wird in Hamburg Heimatrecht bekommen und sein Auskommen und seine Familie.
Utrecht:	Ich sehe ein, dass List notwendig ist - aber, verzeiht mir meine Herren, ich hasse die Münze, mit der hier gezahlt werden muss -
Schocke:	'Not gebiert Verräter'.

Überleitung

21. Bild

Das Schiff Störtebekers im Morgengrauen.

Syker:	Noch eine knappe Stunde bis zum Morgengrauen - Deine Schnigge ist segelfertig, Magister. Mach Dich fort, bevor die Sonne aufgeht. *(Pause)*

Wigbold schnürt noch ein Bündel zu Ende.

Syker:	Die Botschaft an Keno ten Broken scheint verdammt wichtig zu sein -
Wigbold:	*(lacht leise)* Mir ziehst Du die Würmer nicht aus der Nase. Ich muss gehen. Leb wohl, Syker.

Syker:	Mast- und Schotbruch. Und bring zwei Flaschen Hollandschnaps mit.
	Vielleicht wird es nun doch das friesische Reich – mit einer neuen Kirche – und neue Gesetzte für Arm und Reich.
	Nanu - *(blickt zum Horizont)* Segel - zwei – nein, drei Schiffe! *(Ruft)* Schiffe voraus!
	(Läutet Schiffsglocke) Drei Schiffe voraus -

Von allen Seiten Piraten und Störtebeker

Störtebeker:	Drei Schiffe - tatsächlich. Und so nahe. Das gefällt mir nicht -
Syker:	Wir haben lange nichts unter dem Enterhaken gehabt.
Störtebeker:	Das sind keine Handelsschiffe. Das sind Kriegskoggen! Alle Mann an Deck. Alle Segel gesetzt - Anker auf!!
Syker:	Und da - backbord - Noch einmal drei!
Störtebeker:	Ja. Sie wollen uns in die Zange nehmen - aber da haben sie sich verrechnet. Ruder hart Steuerbord!
Stimme:	Das Ruder bewegt sich nicht - es sitzt fest!
Störtebeker:	*(springt zum Ruder)* Das ist unmöglich! Gib her! Verflucht - es ist festgelötet. Verrat - das war Verrat!
Syker:	Und noch eine - noch eine Kogge - Das ist die 'Bunte Kuh'. Sie nimmt Kurs auf unser Heck -

Störtebeker: Sie wollen uns rammen. Verkauft euer Leben so teuer wie ihr könnt.

Großer Krach - Das Heck ist getroffen – Waffengeklirr.

Utrecht: *(springt an Deck)* Störtebeker, wo bist Du? Hier steht Simon von Utrecht und wartet auf Dein Schwert.

Störtebeker: Oho - Du rufst mich? Nun gut - Lass sehen, wer die Rechnung am Ende begleicht -

Sie fechten.
Störtebeker und Utrecht sind voneinander getrennt worden.
Störtebeker folgt ihm nach.

Störtebeker: Hier bin ich, Utrecht. Hier! Ich warte auf Dich -

Utrecht: Ich komme, Störtebeker. Ich komme -

Störtebeker wehrt verschiedene Angriffe der Hamburger ab.
Utrecht hat ihn noch nicht erreicht, da fällt ein Netz und Störtebeker hat sich darin verfangen.

Störtebeker: Ein Fluch dieser Hinterlist. Könnt ihr nicht ehrlich kämpfen, Mann gegen Mann?
Wozu diese Heimtücke, diese Feigheit?!
Gratuliere, Utrecht!

Utrecht: *(vor ihm)* Ich habe nichts damit zu tun -

Schocke: *(tritt vor Störtebeker mit blankem Schwert)* Hier gilt nur eines: Der Zweck heiligt die Mittel.

22. Bild

Fanfare

Gerichtsaal.

Bürgermeister Schocke, Ratsherr Lange, Simon von Utrecht und andere sitzen an einem Tisch. Störtebeker steht davor, die Hände gefesselt. Der Narr hat an einem Beistelltisch Platz genommen.

Schocke: *(als Vorsitzender - erhebt sich, mit ihm alle übrigen)*
Ich verkünde das Urteil im Namen der Hansestadt Hamburg: Klaas Störtebeker wird gemeinsam mit siebzig seiner Männern zum Tode durch das Schwert verurteilt. Das Urteil ist heute am Tag Feliciani auf dem Grasbrook zu vollstrecken. *(setzt sich)*
Störtebeker, Du hast das letzte Wort.

Fanfare und Trommeln

Dreimal Fanfarenstöße. Dazu Trommeln.

Störtebeker: Ihr habt mich verurteilt - Gut also - gut. Dann nehmt mich hin, aber lasst meine Kameraden frei. Sie haben nur getan, was ich ihnen befohlen habe. Ich allein trage alle Verantwortung.

Lange: *(Höhnisch)* Ich glaube, eine Gnade könnte man für den Delinquenten noch erwirken. Alle die von seinen Leuten sollen frei sein, an denen er nach Vollstreckung des Urteils vorbeimarschieren kann.

Störtebeker: Ich bedanke mich für diesen Scherz.
Er wird mich berühmt machen.

Narr: Da stellt sich mir eine Frage bevor er nur noch
durch den Bluthals atmen kann:
Wo ist die Königin Margarete, wo Herzog Johann, wo
die Kaufleute, die ehrenwerten - aus Wismar, aus
Rostock, aus Reval, aus Emden, aus Bremen und aus
Hamburg?! Wo sind sie? Er mag ein Schweinehund
und auch ein Lump sein - aber sie - sie sind es auch!!

Schocke: Führt den Gefangenen zum Richtplatz.

Utrecht ist aufgestanden - Er wartet auf den Zug der Gefangenen

Störtebeker: *(bleibt vor ihm stehen)* Du warst ein fairer Gegner,
Utrecht - Es tut mir leid, dass ich diese Welt
verlassen muss wegen meiner Träume, aber glaube mir,
sie sind nicht ausgeträumt, sie werden weiterleben.

Narr: Eines Tages wird man Störtebeker in Hamburg ein
Denkmal setzen.

Utrecht: *(umarmt Störtebeker)* Dir - eine gute Reise -
Störtebeker -

Lange: *(ruft laut)* Du umarmst ihn?!

Utrecht: Ja. Er muss sein Haupt heute auf die Wolken
seiner Träume legen - Der Herr sei Dir gnädig -

Die Piraten gehen ab.

Riesiger - sehr lauter Trommelwirbel - immer wieder.
Er bricht jeweils abrupt ab.
Damit soll die Hinrichtung angedeutet werden -

Alle gehen ab - Die Bühne ist einen Augenblick lang leer.

23. Bild

Musik Finale

Störtebeker Klaas (Occa, Narr, Ensemble)

Occa: In vierzehnhundertzwei, mein Freund,
          Der Sturmwind blies aus dem Norden.
          War's mit Dir vorbei, mein Freund.
          Der Sturmwind blies aus dem Norden.
          Aus mit den Mädchen, und aus mit der See.
          Aus mit Leben und Spaß.
          Der Wind blies nicht mehr aus dem Norden, mein
          Freund,
          Störtebeker -
          Störtebeker -

Narr: Er stand an Deck, und nahm die Flut.

Alle: Störtebeker Klaas!

Narr: Kühler Kopf und heißes Blut.

Alle: Störtebeker Klaas!

Narr:	Meistersegler und Hurenbock.
	Immer heiß war der Braten.
	Ein Mädchen auf dem Stroh, und ein Humpen voller
	Grog.
	König der Piraten!
	Hörst Du, wie die Möwen schrein,
	Störtebeker Klaas!
Alle:	Niemals wirst Du vergessen sein,
	Störtebeker -
	Störtebeker -
Störtebeker:	Seht Ihr, wie die Wolken zieh'n?
Alle:	Der Sturmwind bläst aus dem Norden!
	Hinaus auf's Meer, und fährt mit ihm!
	Der Sturmwind bläst aus dem Norden!
	Hört, wie der Wind durch das Tauwerk pfeift!
	Kämpft und ringt mit dem Steuer!
	Spürt, wie das Ruder in die Wellen greift!
	Auf zum Abenteuer!
	Lass' es in der Hölle schnei'n,
	Störtebeker Klaas!
	Niemals wirst Du vergessen sein,
	Störtebeker - Störtebeker -
	Störtebeker Klaas!

- SCHLUSS -

Die Aufführung

Eine Figur aus der Geschichte nahm im Sommer 1998 in Husum Gestalt an: Der legendäre Seeräuber Klaas - oder Klaus - Störtebeker kam nach Husum. Der Binnenhafen der nordfriesischen Kreisstadt Husum bildete die Bühne für die Piratenrevue 'KLAAS STÖRTEBEKER'. An 50 Abenden wurde das von Joachim Tettenborn geschriebene musicalgleiche Stück von 25 Schauspielern sowie 20 Komparsinnen und Komparsen in Szene gesetzt.

Vom 2. Juli bis zum 16.August 1998 war 'KLAAS STÖRTEBEKER' im Husumer Binnenhafen zu sehen. Auf der Slipanlage der ehemaligen Werft in unmittelbarer Nachbarschaft zum Rathaus wurden eine fast zwölf Meter hohe Bühnen und eine Zuschauertribüne mit über 1000 Sitzplätzen errichtet. Das Publikum konnte die spannende und unterhaltsame Handlung vor dem Hintergrund eines stimmungsvollen nordfriesischen Westhimmels genießen - leider zumeist bei Wind, Regen und Kälte.

Klaas Störtebeker -
Eine Piratenrevue

Uraufführung: 2. Juli 1998
Husumer Theaterhafen, Husum

51 Aufführungen
vom 2. Juli bis zum 16. August 1998

Autor: Joachim Tettenborn

Musik: Andrew Hannan

Liedtexte: Hannan/Tettenborn

Künstlerische Leitung u. Inszenierung: Christian Wölffer

Bühne u. Kostüm: Rainer Sinell

Produktionsleitung: Liselotte Ferstl

Musikalische Leitung: Michael Belter

Choreographie: Tibor Boros

Regieassistenz: Roland Spies

Entwurf Bühnenbild von Rainer Sinell

Besetzung

Der Narr - Heinz Rennhack

Klaas Störtebeker - Folke Paulsen

Königin Margarete - Lisa Adler/Anette Meier

Occa/Nathalie - Nathalie Kollo/Juliana Albrecht

Signe - Astrid Ann Marie Pollmann

Herzog Johann - Arno Bergler

Magister Wigbold - Ralf Bettinger

Keno ten Broken - Peter Biele

Gödecke Michel - Peter von Fontano

Ratsherr Hoyer - Ernst A. Frantz

Bote/Christian - Joachim Friedrich

Ratsherr Lange - Max Grashof

Boje Syker - Andreas Hüttner

Simon von Utrecht - Alexander Muheim

Bürgermeister Schocke - Elmar Schulte

Handelsherr - Rimbert Spielvogel

Wirt - Uwe Uhlman

Ratsherr Miles - Harry Walter

u.a.

Heinz Rennhack – Folke Paulsen – Lisa Adler

Joachim Tettenborn - Der Autor

Geboren wird er am 26.11.1918 in dem kleinen thüringischen Dorf Ollendorf im so genannten Holzland. Nach Besuch des Gymnasiums in Jena arbeitet er zunächst als Journalist, vor allem als Gerichtsreporter; aber ebenso betätigt er sich als Lokalreporter mit Beiträgen über Kegelclubs und Kaninchenzüchtervereinen.

1936 wird Tettenborn zum Arbeitsdienst verpflichtet und ein Jahr später bereits zum Wehrdienst eingezogen. Er kämpft in der Infanterie, wird 1942 schwer verwundet, muss ein Jahr im Lazarett zubringen und wird anschließend aus dem Kriegsdienst entlassen. Immer noch auf Krücken angewiesen, wird er im November 1944 als 'letzte Reserve' erneut eingezogen. Das Kriegsende verbringt er auf einem Bauernhof im Harz, wodurch er der drohenden Gefangenschaft entgehen kann.

Bereits 1942 nimmt er das Studium an der Universität in Jena auf, geht später nach Wien und belegt die Fächer: Deutsch, Geschichte, Theaterwissenschaft, Philosophie und Kunstgeschichte. 1945 kehrt er nach Jena zurück, wo er 1951 zum Dr.phil. promoviert.

1948 engagiert ihn das Städtische Theater Erfurt als Chefdramaturg mit Regie- und Schauspielerverpflichtung ("Ich inszeniere und spielte dort alles, was ich bekommen konnte"). Von 1948 bis 1950 ist Tettenborn in gleicher Position in Jena tätig.

Da er mit der offiziellen Politik der DDR sehr schnell in Konflikt gerät, setzt er sich mit seiner Frau Gisela, geb. Kayser-Petersen, nach Westberlin ab und erlebt zunächst schwere Zeiten. Die Arbeit an seinem 'Drama ohne Poesie' (Perspektiven) rettet ihn jedoch psychisch und physisch. Die Uraufführung kommt 1951 an der Tribüne heraus und wird ein großer Erfolg, obwohl es -

wie er selbst bekennt - "kein bequemes Stück" ist. Bis 1952 wird er als Dramaturg an dem Haus verpflichtet.

Der Funk wird auf Tettenborn aufmerksam, und der damalige NWDR erteilt ihm den Auftrag für das Hörspiel 'Beim Teufel abonniert'. Viele folgen.

1952 geht er für zehn Jahre als Dramaturg an das Berliner Schillertheater und beginnt 'nebenbei' eine große Zahl von Romanen, Bühnenwerken, Hörspielen, Erzählungen und Gedichte zu schreiben.

1962 kommt Tettenborn - zunächst als Stellvertretender Chefdramaturg, später als Redaktionsleiter der Hauptabteilung 'Fernsehspiel und Film' - zum ZDF. Verantwortlich für Serien - für Kaufserien aus dem Ausland, für Eigenproduktionen und Co-Produktionen mit ausländischen Firmen.

Ab 1980 arbeitet ganz als freier Schriftsteller und betreut bis 1983 freiberuflich noch einige Produktionen für das ZDF.

Joachim Tettenborn verstarb am 18.08.2008 in Ingelheim/Rhein.

Bühnenwerke

1951 'Perspektiven', Uraufführung Tribüne Berlin

1955 '- und will sie durchs Feuer führen', Einakter, Hebbel Theater

1957 'Das große Verhör', Uraufführung Theater Iserlohn

1981 'Der Mann auf dem Sockel', Uraufführung Städtische Bühnen Mainz

1981 'Tilmann Riemenschneider', Festspiel zum 450.Todestag von Riemenschneider, Uraufführung Feste Marienberg/Würzburg

1990 'Die Dornenkrone hab ich mir geflochten', Schauspiel, Uraufführung Ernst-Deutsch-Theater Hamburg

1998 'Klaas Störtebeker - Eine Piratenrevue', Musical, Husum

Romane

1972 'Nur ein einziger Tag', Verlag Fritz Molden, Wien

1977 'Die Anstalt bedauert', Verlag Fritz Molden, Wien

1982 als Taschenbuch unter dem Titel 'Das Fernsehen bedauert', Herbig Verlag, München

1993 'Korruption', Verlag Hoffmann & Campe, Hamburg

2000 'Die schier unglaublichen Erlebnisse des Soldaten EWIG Fersing', Tetens Verlag, Husum

2020 'Die Hand am Drücker', BoD, Norderstedt

Erzählungen

1986 'Und es begab sich zu dieser Zeit', Herbig Verlag, München

1987 'Westerhever Balladen', Tetens Verlag, Husum

1992 'Unser Dach ist der Himmel', Tetens Verlag, Husum

1995 'Splitter', Tetens Verlag, Husum

1999 'Weinquartett', Tetens Verlag, Husum

2003 'Verspiegelt', Tetens Verlag, Husum

2003 'Westerhever Balladen' (Hörbuch), Tetens Verlag, Husum

2006 'Die Schaukel', Tetens Verlag, Husum

Lyrik

1989 'Fischgedichte', Tetens Verlag, Husum

2003 'Wer die Feder versteht - kann fliegen', Tetens Verlag, Husum

Hörspiele

aus der großen Zahl für den NWDR, den SFB und den RIAS Berlin seien erwähnt: 'Übermorgen Regen', 'Der schwarze Schwan' und 'Übermorgen Regen', 'Der schwarze Schwan' und 'Gedanken im Kreise'.

Fernsehproduktionen

1966 'Mit Schirm, Charme und Melone'

1967 'Bonanza'

1969 'High Chapparal'

1970 'Die Leute von der Shiloh-Ranch'

1972 'Die 2'

1972 'Raumschiff Enterprise'

1977 'Es muß nicht immer Kaviar sein'

1983 'Ein Colt für alle Fälle' u.v.m.

www.joachim-tettenborn.de

Andrew Hannan - Musik und Wort als homogene Einheit

Andrew Hannan, der Komponist und Texter wurde 1959 in Plymoth, England, geboren. Nach Musikstudium in Oxford kam er 1981 nach Deutschland und hat an vielen Bühnen, u.a. der Komödie, der Tribüne und an den Kammerspielen in Berlin, gearbeitet.

'Störtebeker' war sein viertes Musical nach 'Jedermann' (1981), 'Canterville' (1993, Heilbronn) und 'Die kleine Hexe' (Kindermusical, 1996, Berlin).

Drauf und drunter
(Narr, Störtebeker, Signe, Ensemble)

Text und Musik: Andrew Hannan

Christian Wöllfer - Geschriebene Worte beginnen zu leben

Ein Theaterstück: Das sind Dialoge, Beschreibungen und Handlungsanweisungen - zu Papier gebrachte Worte. Erst auf der Bühne beginnen sie zu leben. Das ist die Aufgabe des Regisseurs.

Bei der Theaterrevue 'Klaas Störtebeker' ist mit Christian Wöllfer ein Routinier am Werk gewesen, den nicht nur der Stoff und das Stück, sondern auch die besonderen Begleitumstände des Projektes gereizt haben: Theater auf die Beine zu stellen an einem Ort, an den das Nordseewasser schwappt - "das war eine tolle Herausforderung", sagte Wölffer.

Der Berliner war Regisseur, Schauspieler, Übersetzer von Theaterstücken - und Theaterdirektor. Seine Vorliebe galt der Komödie und den musikalischen Produktionen: "Ich wäre auch in der Lage, einen Hamlet zu inszenieren, aber die Leute würden sich wahrscheinlich totlachen.

Christian Wöllfer verstarb am 11.2.2015.

Tettenborn erinnert sich

Der Autor des Stückes hat sehr umfangreiche Erinnerungen an den 'Störtebeker', die aus seiner privaten Biographie 'Begegnungen' entnommen wurden und hier etwas gekürzt wiedergegeben werden.

Die Vorgeschichte: Da ist mir der Intendant des Ernst-Deutsch-Theaters, Hamburg, Friedrich Schütter bei meinem Riemenschneider über den Weg gelaufen. Einer der Hauptrollenspieler er - wohl auch beeindruckt von meinen Theaterstück - sprach mich an und bestellte einen ‚Störtebeker' bei mir. Ich tat es. Die erste Fassung war ihm zu intellektuell, die zweite Fassung war nun gefragt, er ließ sie liegen. Aber vor einer Ablehnung der zweiten Fassung - bestimmt auch aus einem etwas schlechten Gewissen - nahm er den Villon an, der sonst wohl nie zu ihm gekommen wäre. Die zweite Fassung nun aber streckte sich hin zu einem Musical.

Diese seltsame Verknüpfung dieser drei Stücke, diese fast kuriose Nähe - es scheint mir fast, als ob ein Himmelsspieler darüber die Fäden geführt hat - jedenfalls wurde es zu einer Gleichung, die wunderbar aufging.

Eines Tages verführte es Bernd Tetens und dann natürlich auch mich ins Große. Ich hatte Bernd vom Schicksal meines Störtebekers erzählt. Er wollte das Stück lesen und er tat es. Und beim Wein in meinem Westerheverhaus und Gesprächen und herrlichen Spinnereien, kam ihm ein Gedanke, den ich zunächst als Spaßtraum ansah. Er meinte und wiederholte es mehrmals, dass dieses Stück doch ein Objekt für eine Husumer Theateraufführung sein konnte. Wo denn? Es gab kein Theater in dieser verhältnismäßig kleinen, liebenswerten Hafenstadt, in der ‚Grauen Stadt am Meer' wie Storm sie einmal genannt hatte. Nein - er dachte nicht an eine Theateraufführung der üblichen Art - es sollte eine Freilichtaufführung werden, denn diese ‚Piratenrevue', wie ich das Stück nannte, war eigentlich ein Musical - es brauchte nur noch ein paar Lieder und einen guten Komponisten für die Gesamtmusik.

So weit, so gut - aber die Finanzierung? Zum Anfangen brauchte es ein Anfangsgeld - und in einer gehörigen Menge. Es war klar bei einem Finanzierungsrundblick, dass es ein Millionending werden würde. Das Startgeld war zunächst das wichtigste - erst dann kam alles ins Laufen. Aber dieses Geld hatten wir nicht. Er nicht, ich nicht und weit und breit kein Sponsor zu sehen.

Aber so ist es eben beim Träumen, die von heißen Herzen hergeträumt werden. Sie ziehen gute Geister an. So geschah es auch hier, um die ersten zwei, drei Schritte in die neue Theaterfreilichtwelt zu gehen.

Es ereignete sich in München, im ‚Bayrischen Hof'. Ich war befreundet mit Dr. Leo Kirch, dem vielbesprochenen, gescholtenen und beneideten großen Münchner Filmboss der Beta-Film. Unsere Freundschaft ruhte noch aus meiner ZDF-Zeit her. Wir hatten Gefallen aneinander gefunden.

Ich war inzwischen ZDF-frei und nur noch mit meinem Hauptberuf freischaffend beschäftigt - mit meinem Schreiben. Geschäftlich war ich somit für ihn völlig uninteressant. Ich war kein Kunde mehr. Aber unsere Freundschaft überdauerte das leicht.

Er fragte natürlich nach, was ich künstlerisch täte oder vorhabe. Das war mein Stichwort für meinen Störtebeker. Ich erzählte ihm von unserem gemeinsamen Vorhaben, in Husum ein Freilichttheater hinzustellen mit meinem Störtebeker mit guter, eingängiger Musik - ja, ein Musical in Husum. Und ich fragte ihn, ob er mir dabei Hilfestellung leisten könne. Er war ja mit den Bossen der Hochwirtschaft gut bekannt und befreundet. Vielleicht wären die - einer oder ein paar mehr - bereit hier sponsorisch einzugreifen, denn dieses Vorhaben war ein Millionenprojekt.

Er hörte sich das an - und nach einer Weile des Nachdenkens - sagte er mir zwischen Fisch und Wein: „Ich gebe Dir für Dein Musical das Startkapital. Du bekommst es auch schriftlich."

Das traf mich unvorbereitet und hier konnte und sollte ich gar nicht reaktionsschnell genug sein. Das war ein Volltreffer und mehr - damit war das gesamte Projekt aufs Vorwärtsgehen gebracht.

Das war der entscheidende Schritt vorwärts. Kaum war ich in mein Wackernheimer Haus zurückgekehrt, rief ich meinen Freund Bernd Tetens an. Er musste es so schnell wie möglich erfahren. Bisher hatten unsere Träume nur Flügel - jetzt würden sie Räder bekommen. Dann hatte ich ihn an seinem Husumer Rohr - an seinem Handy - und wir plauderten zunächst nur so dahin - wie so oft. Ein Einleitung sollte sein. Dann fragte ich ihn, um von den Träumen in ein Wirklichkeitsland zurückzukehren - da fragte ich ihn, wieviel Geld wir wohl brauchen würden, um anfangen zu können. Nach einer Nachdenkpause nannte er mir eine Zahl. „Nun, wenn es (Summe soll hier nicht genannt werden) wären, dann käme das Projekt ans Licht". Als ich mitteilte, dass ich diese Summe für uns habe, bat er mich, keine Scherze dieser Art zu machen. Aber mir war gar nicht zum Scherzen - das begriff er jetzt. Aber so viel Geld - und woher - Ich machte ihn kundig, das ließ ihn verstummen.

Ich traf Bernd in Husum. Wir führten mehrere Telefongespräche mit Christian Wölffer. Uns ging es nun darum, einen so prominenten und erfahrenen Regisseur, wie er es war, zu gewinnen. Wir trafen ihn auf Sylt in seinem Haus. Und viele Gespräche kamen hinzu. Letzten Endes hatten wir seine Zusage. Und er war der Mann, der viele außerordentlich erfolgreiche Musicals inszeniert hatte und wusste worauf es ankam. Er heuerte auch unseren Komponisten an, den er durch seine Theaterkompositionen kannte. Es war ein Engländer, Andrew Hannan. Und er lieferte eine Musik zum Küssen dazu.

Einiges war mir ein wenig zu gefühlig - kitschig mag ich nicht sagen - aber das war wohl gerade richtig hierfür. Es gab einige erstklassige Ohrwürmer.

Der Bühnenbildner Rainer Sinell wurde tätig, eine Produktionsleiterin wurde engagiert. Sie war eine immens tüchtige und erfahrene Frau, die für uns sehr hilfreich wurde - es war Frau Lieselotte Ferstl. Hinzu kamen natürlich gefragte Lösungen technischer Natur.

Der genaue Standort war kurz davor gefunden worden - es war der Husumer Binnenhafen. Die Bühne stand im Nordseewasser. Rechts und links davon lagen Privatyachten und Boote. Eine unbezahlte Kulisse - und wirkungsvoll dazu.

Irgendwann wurde es zum Anfassen und Ansehen. Es hatte sich nun zu einem teurem Werk entwickelt. Nun mussten uns die Kartenkäufer helfen. Propaganda, Reklame - alles gut und schön - das alles ließ sich aber bewerkstelligen. Worüber wir aber keine Macht hatten, keinen Einfluss, das war das Wetter und das war ein ausschlaggebender Faktor bei sei einem Freilicht-Musical. Und hier ließ uns der Himmel im Stich. Alte Husumer sahen uns bekümmert an. „Der schlechteste Sommer seit mehr als zwanzig Jahren." Das war kein Trost. Wenn die Temperatur 15 Grad anzeigt und Nieselregen einsetzt - wer ist dann noch gewillt sich zwei Stunden zur Vorstellung hinzusetzen. Leider war es oft, zu oft so oder so ähnlich. Manchmal fanden sich unter diesen Umständen nur wenige Zuschauer ein. Und auch das fand ich bewundernswert. Ich hätte mich nicht hingesetzt.

Das Wetter blieb unser Feind - bis zuletzt - bis zuletzt fast. Und das hatte Folgen. Irgendwann begann das Geld zu fehlen. Da musste eines Tages Bernd das Handtuch werden. Ein Konkursverwalter betrat nun die Bühne. Bernd trug das mit heldenhafter Tapferkeit. Aber als feststand, dass erstens weitergespielt wurde bis zum vorgesehenen Ende und alle Schauspieler und Techniker ihre volle Gage bekamen - da war er erleichtert. Und so ging es auch.

Und wir hatten auch ein mutiges Publikum. Auch wenn der Himmel sich gegen uns stellte, sie kamen - da war die Tribüne zwar nicht gut besetzt, aber immerhin. Das alles, das reichte zwar nicht aus, aber es hatte etwas Besonderes - es war jedes Mal die Aufforderung weiter zu machen, nicht aufzugeben.

Ich erinnere mich an einen Abend, da dräute der Himmel heftig. Einige hundert Zuschauer ließen sich aber davon nicht abschrecken. Sie hatten sich vorbereitet. Regenschirme, Regenhäute, Wolldecken - was immer auch nötig war zum Überstehen. Doch dieses besondere Mal - Kaum hatten die Zuschauer Platz genommen, da begann der Regen. Stürmisch war es außerdem. Der Regen nahm zu. Der Sprecher der Schauspieler, unser Narr, Heinz Rennhack, ein aus dem Rahmen fallender hochbegabter Schauspieler, er fragte beim Publikum an, ob sie nicht aufhören sollten - und vor der Pause gab es das Eintrittsgeld zurück - und es war noch vor der Pause. Aber sie wollten, dass weitergespielt wurde. Sie gingen in die Pause auf besseres hoffend. Das stellte sich aber nicht ein.

Im zweiten Teil des Musicals nahm der Regen sogar noch zu, der Sturm auch. Das Freilichttheater glich mit seiner Gesamtmannschaft einem Schiff auf hoher See. Nur hier hätten sie noch aussteigen können - aber sie hielten durch bis zum Ende. Und nun konnte man ja erwarten, dass sie sich am Schluss so schnell wie nur möglich in das rettende, trockene Bewirtungszelt flüchtete. Nein. Dem war nicht so. Sie standen am Schluss auf und spendeten immer wieder Beifall und Bravorufe dazu - eine Viertelstunde lang im strömenden Regen.

Das brachte meine Schauspieler zum Staunen, zum Respekt vor so einem Publikum. Und sie wollten das belohnen. Und so luden sie die Presse für den nächsten Tag vor der Vorstellung ein, um sich über die Presse für so ein Publikum zu bedanken - die Seiten hatten damit gewechselt. Sonst war es üblich, dass das Publikum sich bei den Schauspielern bedankte - Die Schauspieler standen vor so einem Publikum sehr beeindruckt, sehr berührt. Und einige von ihnen wiederholten immer wieder, dass sie nun schon zwanzig, dreißig Jahre beim Theater wären auch auf Tournee mit dem Theaterwagen, dass sie aber so etwas in ihrem Schauspielerleben noch nie erlebt hätten. Das Nordpublikum galt ja als kühl, spröde. Alles nun widerlegt - trotz allem aber - -

Das war ein besonders herausragendes Geschehen, aber auch sonst - keine Vorstellung ging zu Ende ohne ‚standing ovations'.

Für mich - für den Autor - Musik. Ich hatte einen Theatererfolg erzielt, der alle Voraushoffnungen weit übertraf. So ein Erfolg war auch Neuland für mich. Es gab nicht eine Zeile Negatives - weder in den Printmedien, noch im Funk, Fernsehen, Magazinen, Illustrierten - und es sprudelte von Berichten und Besprechungen. Den großen Erfolg dokumentierte auch, dass sich zwei Fanclubs zusammen-gefunden hatten. Und das zeigte sich besonders bei der letzten, der Abschiedsvorstellung - der 51. Bei gutem Wetter!

Natürlich bauten die Schauspieler bei dieser letzten Vorstellung einige unvorhergesehene Gags ein - improvisierte, lustige - das gehörte dazu. Ich sagt schon, glücklicherweise stand uns an diesem letzten Abend das Wetter bei. Und am Schluss und zwischendurch Applaus, Applaus - lange - Der Schlußapplaus wollte nicht aufhören. Und immer Rufe, Sprechchöre „Weitermachen!! Weitermachen!!!" „Im nächsten Jahre wieder hier!!" Zum letzten Male stand ich wieder auf der Bühne mit meinen großartigen Schauspielern, zum letzten Verbeugen - zum letzten ‚Danke schön' auch an die Zuschauer - meinen großartigen Schauspielern, zum letzten Verbeugen - zum letzten ‚Danke schön' auch an die Zuschauer.

Die Fanclubs hatten etwas vorbereitet. Niemand von uns wusste davon. Sie hatten tausend rote Rosen gekauft, sie entblättert und nun - im Schlussapplaus - ließen sie die roten Rosenblätter auf uns, auf die Bühne niederrieseln. Wir standen in einem Rosenblättermeer. Er war herrlich!! Für alle!!

Die anschließende Abschiedsfeier hatte es in sich. Ein Taxi fuhr mich in den Morgenstunden zu meinem Quartier. Alkoholnachwirkungen am nächsten Tag gab es zwar – aber das war nur ein lässliches Sündennachschweben.

Wir dachten in der Tat daran, das Musical zu wiederholen. Viele sprachen davon und redeten mit uns darüber, alle meinten, das wäre ein Wiederläufer, ein Selbstläufer für das nächste, übernächste und ein weiteres Jahr.

Wir hätten es gern getan - aber der Geldsegen dafür blieb aus. Es sollte nicht sein -

Schade - -

Es war am Schluss noch einmal recht gut Geld in die Kasse gekommen - aber das reichte nicht für die ganze Zudecke.

Die Hauptmacher des Musicals kamen bei der Verteilung des Restgeldes am schlechtesten weg. Bernd Tetens erhielt immerhin noch ein kleines Geld, da er vom Konkursverwalter zur weiteren Betreuung des Projektes eingesetzt wurde. Für zwei Monate ein Galgengeld. Und ich - ohne den nichts gewesen wäre? Unbezahlte Spesenrechnungen - sonst nichts. Nicht einen Pfennig für mich. Eine kleine Einbuße hatte der Regisseur, aber seine Gage war ja recht ansehnlich. Der einzige der wirklich daran verdiente war der Konkursverwalter. Er nahm sich sofort eine ganze Menge Geld und am Schluss sah es für ihn mit über 90.000 Mark ganz gut aus. Er war damit bestens bedient und das mit dem Segen der gegebenen Gesetze. Alles korrekt - und ich - ? - Alles korrekt?

Ich musste es aushalten. Aber eines kann mir keiner nehmen und das kann kein Geld der Welt bezahlen - und das war mein Riesenerfolg. Das war der Glanz zu meinem Namen und das ließ mich auf hellen Wegen gehen - und das trug meinen Namen wieder einmal weiter dahin. Und so etwas brauchte man als Autor ab und zu.

Heute kann ich zu dieser Musical-Wetter-Pleitepanne schon wieder lächeln - sogar Bernd Tetens über zwei rotweingefüllte Gläser - Prost!

Joachim Tettenborn bei der letzten Vorstellung im Husumer Theaterhafen

Kleine historische Einordnung

Schlag gegen die Nordsee-Piraten

Am 22. April 1400 segelten elf "Friedenskoggen" (Fredekoggen) der Hanse mit 950 Bewaffneten an Bord gen Emsland. Ihr Ziel: die Vernichtung der Vitalienbrüder. 80 von ihnen töteten sie in einem Seegefecht, 25 weitere wurden an Land gefangen genommen und am 11. Mai 1400 in Emden hingerichtet.

Unter den Piraten des 14. Jahrhunderts sind die Vitalienbrüder oder Likedeeler (plattdeutsch: Gleichteiler), wie sich die Piraten selbst nannten, die berühmtesten. Ein Jahrzehnt lang trieb diese Bruderschaft ihr Unwesen, ehe die Hanse ihre Anführer Klaus Störtebeker und Gödeke Michels 1400/1401 in zwei großen Operationen besiegte und hinrichten ließ.

Freibeuter im Dienst des Herzogs von Mecklenburg

Entstanden sind die Vitalienbrüder durch den mecklenburgisch-dänischen Thronstreit um das Erbe König Waldemars IV. Gegen Rückgabe von Ländereien im heutigen Südschweden hatte der Dänenkönig, der keine direkten männlichen Nachkommen besaß, dem Mecklenburger Albrecht IV. die Krone versprochen. Weil dänische Adlige Albrecht IV. jedoch die Gefolgschaft verweigerten, ließ Waldemars Tochter Margarethe, die Frau des norwegischen Königs Håkon VI. Magnusson, ihren Sohn im Jahr 1376 als Olaf II. zum dänischen König krönen. Da der Monarch bei Amtsantritt erst fünf Jahre alt war, übernahm Margarethe die Regentschaft selbst. Nach dem Tod ihres

Mannes im Jahr 1380 verwaltete Margarethe zudem sein norwegisches Thronerbe. Ziel ihrer Politik war die Vereinigung der skandinavischen Königreiche unter dänischer Führung, was ihr im Jahr 1397 mit der Kalmarer Union schließlich gelang.

Doch auf ihrem Weg dorthin musste sie zunächst noch den unbeliebten Albrecht III. von Mecklenburg vom schwedischen Thron vertreiben: 1388 wählte sie der schwedische Reichsrat zur Gegenkönigin. Weil Albrecht III. nicht freiwillig das Feld räumte, begann ein Krieg um die Krone. Um seinen Sohn im Kampf gegen Dänemark zu unterstützen, begann Herzog Albrecht II. von Mecklenburg den Kaperkrieg gegen dänische Handelsschiffe.

Aus verarmten Adligen und Verbannten rekrutierte er eine schlagkräftige Freibeuter-Truppe, der er sogenannte Kaperbriefe ausstellte. Die erbeuteten dänischen Waren durften die Kapitäne frei auf den Märkten der Hansestädte Rostock und Wismar verkaufen. In der Schlacht von Falköping unterlag Albrecht III. schließlich 1389 der dänischen Übermacht und geriet in Gefangenschaft.

Vitalienbrüder legen Ostseehandel lahm

Als letzte Bastion hielt Stockholm noch mehrere Jahre den dänischen Truppen stand. Mit Lebensmitteln versorgt wurde die Stadt auf dem Seeweg - durch die Vitalienbrüder, deren Name sich möglicherweise aus dem französischen Wort "vitailleurs" ableitet. Ein Vitailleur gehörte zu denjenigen Truppenteilen, die Viktualien - also Lebensmittel - für die kämpfenden Soldaten beschafften. Unter Führung des mecklenburgischen Hauptmanns Albrecht von Pecatel eroberten die Vitalien-brüder im Jahr 1394 Teile Gotlands, die Insel-Hauptstadt Visby bauten sie zu ihrem Stützpunkt aus.

Der Friede von 1395 macht die Freibeuter brotlos

Im Frieden von Skanör und Falsterbo legten Mecklenburg und Däne-mark sowie die Hanse und der Deutsche Orden, die zur Sicherung ihrer wirtschaftlichen Interessen ebenfalls in den Konflikt eingegriffen hatten, die Streitigkeiten im Jahr 1395 bei.

Die Kaperbriefe der Vitalienbrüder waren nun wertlos - die Freibeuter hatten ihr "legales Einkommen" verloren.

Fortan überfielen die Piraten auf eigene Faust Schiffe - vor allem Hansekoggen auf der Ostsee. Weil die Piraterie in der Folgezeit fast den gesamten Seehandel lahmlegte, entschlossen sich die Hansestadt Lübeck und der Deutsche Orden, dem Spuk mit ihren Kriegsflotten ein Ende zu bereiten. Im Jahr 1398 landete das Ordensheer mit einer Armada von mehr als 80 Schiffen auf Gotland und vertrieb die Piraten.

Unterschlupf in Ostfriesland

In der Folgezeit verlagerten die Vitalienbrüder ihre Raubzüge auf die Nordsee und nahmen den Seehandel mit England ins Visier. In der Hoffnung auf reiche Beute lauerten die Piraten Hansekoggen vor der Elb- und Wesermündung auf - vor allem auf Schiffe aus Hamburg und Bremen hatten es die Likedeeler abgesehen. Als Gegenleistung für Störtebekers Waffenhilfe bei Stammensfehden boten ihm ostfriesische

Häuptlinge Unterschlupf in ihrer landschaftlich wie politisch unübersichtlichen Region, die von keiner direkten fürstlichen Macht kontrolliert wurde. Zudem erschlossen die Vitalienbrüder Ostfriesland als neuen Absatzmarkt für ihre erbeuteten Waren.

Die Hanse stellte Truppen und Schiffe zusammen und reagierte im Jahr 1400 mit mehreren Militäroperationen im Gebiet der Stammeshäuptlinge, die versichern mussten, keine Vitalienbrüder mehr zu beherbergen. Zur Absicherung weiterer Strafaktionen übernahm die Hanse das Schloss Emden und besetzte einige Burgen. Doch mit Rücksicht auf ihre Hausmacht konnten die ostfriesischen Häuptlinge nicht in Gänze auf die Söldnerdienste der Piraten verzichten. Deshalb konnte die Hanse das Piratenproblem nicht vollständig lösen, obwohl viele Vitalienbrüder bei den Kämpfen getötet oder hingerichtet wurden.

Seeschlacht vor Helgoland

Ein Teil der Piraten verlagerte erneut seinen Aktionsraum: Herzog Albrecht von Holland nahm einige der Hauptleute auf und stellte ihnen Kaperbriefe aus. Unter ihnen soll auch ein gewisser "Johan Stortebeker" gewesen sein, der fortan mit seinen Männern vor Helgoland auf Beutezug ging.

Nach einem erbitterten Seegefecht vor der Nordseeinsel, bei der ein Spion der Legende nach die Ruderanlage des Störtebeker-Schiffes mit flüssigem Blei zerstört haben soll, nahmen die Besatzungen Hamburger Kriegsschiffe den Freibeuter am 22. April 1401 gefangen.

Der Kommandant der hanseatischen Flotte, Simon von Utrecht, wurde für seine Verdienste bei der Piratenbekämpfung im Jahr 1433 ehrenhalber zum Hamburger Bürgermeister ernannt. 1402 wurde auch Gödeke Michels gestellt und hingerichtet.

(mit freundlicher Genehmigung: ndr.de, 10.05.2010 - Rund um den Michel)

Einbringung Störtebekers in Hamburg

Historischer Holzstich von Karl Gehrts, 1877

(Staatsarchiv Hamburg)